Justus Olshausen

Parthava und Pahlav, Mada und Mah, ein Votum

Justus Olshausen

Parthava und Pahlav, Mada und Mah, ein Votum

ISBN/EAN: 9783744639057

Hergestellt in Europa, USA, Kanada, Australien, Japan

Cover: Foto ©ninafisch / pixelio.de

Weitere Bücher finden Sie auf **www.hansebooks.com**

Parthava und Pahlav, Mâda und Mâh.

Ein Votum

von

J. Olshausen.

Separatabdruck aus den Monatsberichten der Königlichen Akademie der Wissenschaften in Berlin.

Berlin 1876.

Buchdruckerei der Königl. Akademie der Wissenschaften (G. Vogt).
Berlin, NW, Universitätsstr. 8.

Vorwort.

In dem nachstehenden, an einigen Stellen ergänzten und
modificirten Auszuge aus mehreren akademischen Vorträgen
lege ich meine Ansicht über die Schicksale der in der Über-
schrift bezeichneten Namen und Ausdrücke im Zusammenhange dar. Ich wünsche durch die Veröffentlichung zu er-
neuter Prüfung des Gegenstandes anzuregen und habe dabei
nicht ausschliesslich Orientalisten im Auge gehabt, sondern
auch solche Gelehrte, die für die Sache Interesse haben können, ohne mit den hier in Betracht kommenden Sprachen
des Orients näher bekannt zu sein; verschiedene Puncte sind
deshalb so behandelt, wie es für den Orientalisten allein nicht
erforderlich gewesen wäre. Von den Arbeiten anderer Gelehrten, welche sich über dieselben Gegenstände geäussert
haben, wie Étienne Quatremère, M. Jos. Müller, Spiegel,
Oppert, M. Haug u. a., ist natürlich thunlichst Kenntniss
genommen, obgleich mir doch dieses oder jenes entgangen
sein möchte. Es schien mir jedoch nicht nöthig jedesmal
ausdrücklich anzugeben, worin meine Ansicht mit der mei-
ner, jedem Sachkundigen bekannten, Vorgänger übereinstimmt oder von derselben abweicht. Es versteht sich von
selbst, dass damit keinerlei Prioritätsanrecht beeinträchtigt
werden soll; ebensowenig aber habe ich gegen anders Ur-
theilende polemisiren, vielmehr lediglich meine abweichende

1*

Ansicht der ihrigen an die Seite stellen wollen. Ich wünsche und hoffe, über das Ganze, wie über Einzelnes, das Urtheil Sachkundiger aller Art kennen zu lernen, und werde mich freuen, wenn dasselbe, sei es bestätigend, ergänzend und berichtigend, oder ablehnend, der Wissenschaft zu Gute kommt.

In dem angehängten kurzen Vortrage über Mazdorân und Mâzanderân, der mit dem Vorhergehenden nicht zusammenhängt, obgleich er durch Vorarbeiten dafür veranlasst wurde, sind Fragen angeregt, die vielleicht für den einen oder andern Leser des ersteren auch einiges Interesse haben.

Für einige Leser mag hier noch bemerkt werden, dass in erânischen Wörtern durch *z* der weiche Zischlaut ausgedrückt ist, der im Französischen ebenso bezeichnet wird.

Berlin, im November 1876.

J. Olshausen.

Die frühzeitigste, vollkommen sichere Erwähnung des Namens der Parther, die bis jetzt bekannt ist, findet sich in den Inschriften des Darius Hystaspis in Behistân, Persepolis und Naqschi Rustam. Denn der Name, mit welchem diese die von den Parthern bewohnte Landschaft bezeichnen, fällt mit dem Namen des Volkes selber ohne Zweifel ebenso zusammen, wie dies bei den Persern, Medern, Ioniern und Saken der Fall ist, deren Namen in den Inschriften ganz unverändert auch zur Bezeichnung ihrer Heimatländer dienen.

Der Name der Parther lautet in dem arischen Theile der Inschriften *Parthava*, mit aspirirtem *t*. Die Form trägt echt-arisches Gepräge und darf für die ursprüngliche gehalten werden. Sie ist von einem Nomen *parthu* (oder dafür *prthu*) in regelrechter Weise abgeleitet. Die im Sanskrit bei Bildungen dieser Art übliche Verlängerung des Vocals der ersten Sylbe ist auf dem Gebiete der êrânischen Sprachen nicht erforderlich. Eine Pluralform, die *Parthavâ* gelautet haben müsste, erscheint in den Inschriften nicht, würde aber zur Bezeichnung des Landes ebenfalls haben dienen können, grade so wie der Plural *jaunâ*, Ionier, neben der Singularform *jauna*.

In dem anarischen, d. h. weder arischen, noch semitischen Theile der Inschriften, heissen die Parther (nach Mordtmann, ZDMG. XVI. S. 14 u. 47) *Par-thu-ra*. Die Umwandlung des *a* der zweiten Sylbe in *u* darf der Einwirkung des nachfolgenden weichen Labials zugeschrieben werden.

In dem semitischen, und zwar babylonischen Theile endlich heissen sie *Pa-ar-tu-u* (Beh. 64) oder *Par-tu-u* (NR. 12). Das *t* dieser Formen entspricht dem hebr. ת und wird im unmittelbaren Anschlusse an den vorhergehenden Consonanten vermuthlich als nicht-aspirirt zu fassen sein. Ob das doppelte *u* etwa als *û* gelten oder vielleicht die Lautgruppe *uvu* darstellen soll, lässt sich, wie es scheint, nicht mehr entscheiden; ein Überrest der

Gruppe *ar* oder *ur* ist ohne Zweifel darin enthalten, vielleicht verbunden mit der babylonischen Flexionsendung *u*.

In allen diesen Formen ist der Dental hart geblieben und
dasselbe gilt von den aramaeischen Formen des Namens, von dem
armenischen *Parther*, sowie von den verschiedenen griechischen
Aequivalenten. In eben diesen ist auch die Gruppe *ar* oder dafür
ur noch deutlich erkennbar geblieben, in den griechischen *Parthy-
aios*, *Parthyene*. freilich nur als blosser Vocal *y*. Schliesslich ist
aber auch dieser verschwunden, in *Parthos*, *Parthia*.

Obwohl in den bisher aufgeführten Formen der harte Dental
sich durchweg und zwar vorherschend als Aspirata erhalten hatte,
dürfte doch dessen Ersetzung durch einen Zischlaut, wenn sich
ein solcher zeigte, mit Rücksicht auf anderweitige gleiche Über-
gänge innerhalb der éranischen Sprachen durchaus nicht überraschen.
Es scheint daher sehr wohl möglich, dass ein in den assyrischen
Inschriften aus dem neunten und achten vorchristlichen Jahrhundert
mehrfach erwähntes Volk des éranischen Hochlandes, die *Bar-su-a*
(bei Salmanassar II. und Samsi-Bin, nach Schrader, die Keil-
inschriften und das A. T., S. 297, zwischen 858 und 810) oder
Par-su-a (bei Bin-nirar und Piglath-Pileser II., ebenda, zwischen
810 und 727), mit den Parthava oder Parthuva zu identificiren
sei. Das *u* wäre Überrest der volleren Lautgruppe und der Wech-
sel von anlautendem *b* und *p* müsste zwar bedenklich erscheinen,
wenn es sich um einen Vorgang auf éranischem Sprachgebiete handelte, ist es aber in dem vorliegenden Falle nicht, wo es lediglich
auf ungleichmässiger Auffassung éranischer Laute durch Nicht-Arier
beruhen mag. Dass wirklich beide Formen ein und dasselbe Volk
bezeichnen, geht aus der Stelle hervor, die sie in den Aufzählun-
gen von Völkerschaften des Hochlandes einnehmen, mit welchen
die Assyrer Krieg führten.

Wenn somit Parsua (und minder correct Barsua) sehr wohl die
den Assyriern einst geläufige Form des Namens der Parther gewesen sein kann, so muss doch eingeräumt werden, dass diese Zusammenstellung gewissen Bedenken unterliegt. Zunächst kann die
Frage aufgeworfen werden, ob es sich nicht mehr empfehle, unter
den Parsua die Perser zu verstehen, deren Name nicht blos aus-
nahmsweise, sondern durchweg den Zischlaut zeigt, welcher in dem
der Parther mit Sicherheit nicht nachzuweisen ist. Die Inschriften
der Achaemeniden bieten in arischen Texte die Form *Pârça* oder

Pârsa, indem eine Unterscheidung zwischen ursprünglich palatalem
und ursprünglich dentalem Zischlaute nicht mehr stattzufinden
scheint; im anarischen Theile (nach Mordtmann, ZDMG. XVI.
S. 22 f.) *Parsî*; im babylonischen gewöhnlich *Parsu*, einmal in
einer Inschrift des Xerxes, *Parsa*. Über die Quantität des Vocals
der ersten Sylbe in den zuletzt angeführten drei Formen lässt sich
nicht entscheiden; für langes *a* spricht der bis in die Gegenwart
fortgesetzte Gebrauch bei Persern und Arabern; für die Kürzung
des Vocals kann die Auffassung des Lautes bei den Griechen geltend gemacht werden. In der anarischen Form *Parsî* ist die Entstehung des auslautenden Vocals unklar. Man möchte dabei an
das neupersische *pârsî*, persisch, ein Perser, denken; allein hier
ist die Endung erst in viel späterer Zeit aus *-ika*, dann *-ik*, verkürzt und selbst die älteste dieser Formen scheint dem Alt-Persi-
schen zu fehlen. Überhaupt lässt die Zusammenstellung mit der
arischen Hauptform *Pârça* oder *Pârsa* in dem anarischen Texte
eine abgeleitete Form nicht erwarten. Das auslautende *u* in der
üblichsten babylonischen Form lässt sich eher erklären, nemlich
als die schon vorhin erwähnte Flexionsendung.

Wie sich in allen hier aufgeführten Formen des Namens der Perser der Zischlaut zu Anfang der zweiten Sylbe zeigt, so hat sich derselbe auch bei den fremden Völkern erhalten, die mit den Persern in
Berührung kamen, bei Hebraeern, Aramaeern, Armeniern, Griechen.
Es würde deshalb wohl näher liegen, bei den Parsua der assyrischen Inschriften an die Perser zu denken, als an die Parther, wenn
nicht der Ausgang dieser Form auf *-ua* entschieden dagegen sprä-
che. Dieses erklärt sich aus der Endung *-ara* oder *-ura* des Namens der Parther ganz natürlich, bleibt aber unerklärlich bei der
Ableitung von dem der Perser; denn auch die babylonische Form
Parsu ist nicht geeignet darüber Aufschluss zu geben.

Geringere Schwierigkeit hat gewiss die Annahme des Übergangs aus *th* in *s* in dem Namen der Parther, und merkwürdiger
Weise findet sich dazu allem Anscheine nach ein Seitenstück an
der entgegengesetzten Grenze der eränischen Welt, in Indien, und
zwar ebenfalls in bereits sehr früher Zeit. Im Rigvéda nemlich
kommt einmal der Name *Parçu* vor; wie nach dem Zusammenhange vermuthet werden darf, als Bezeichnung des Beherschers
einer Völkerschaft im Westen oder Nordwesten des Induslandes.
Derselbe wird im Çânkhâyana Çrautasutra durch *Pâraçarya* wie-

dergegeben, nach A. Weber, Ind. Studien IV, 379. Vorlesungen über ind. Lit.-Gesch. 2te Aufl. S. 3. 331. Nach mündlicher Mittheilung desselben Gelehrten wird im Sanskrit von Parçu die patronymische und gentilicische Form *Pârçara* gebildet, welche jedoch nur im Sing. und Dual üblich ist; im Plur. dagegen wird an ihrer Statt die direct von der Grundform Parçu ausgehende Pluralform *Parçaras* gebraucht, welche unter der Voraussetzung, dass der Zischlaut ursprüngliches *th* vertritt, und mit der in alt-erânischen Sprachen üblichen Unterdrückung des auslautenden Consonanten der sanskritischen Nominativform genau der Form *Parthava* entspricht. Diese ist zwar als Singularform anzusehen, eignet sich aber als Collectivum sehr wohl dazu den sanskritischen Plural von *Pârçava* zu ersetzen. Die Vertauschung des *Parçu* im Rigvéda mit dem erwähnten *Pâraçarya* verdeutlicht die Beziehung auf ein hervorragendes Individuum aus der Zahl der Parçavas. *Pâraçarya* ist von *Pârçava* durch ein zweites Suffix abgeleitet, mit Einschiebung eines *a* hinter dem *r* vermöge eines auch sonst hinreichend bekannten euphonischen Einflusses. Im Gebrauche mag es sich zu *Pârçava* etwa so verhalten haben, wie Parthicus zu Parthus.

Es möchte hiernach nicht sehr bedenklich sein, die ganze Reihe *Parçu* (mit dem Plur. *Parçavas*), *Pârçava* und *Pâr(a)çavya*, auf die Parther zu beziehen, obgleich diese Formen in der indischen Litteratur als Namen eines Volkes nicht — oder nicht mehr — vorkommen, sondern nur *Pâraçava* (= *Pârçava*), mit der Variante *Pârasara*, als Bezeichnung einer Mischlingskaste. Dieser Gebrauch schliesst aber eine Entlehnung von dem Namen des Parthervolkes keineswegs aus; ganz ähnlich ist es wenigstens mit dem Namen der Griechen, *Yavana*, gegangen, der gleichfalls Benennung einer Mischlingskaste geworden ist, obgleich er den Indern als Volksname sehr wohl bekannt war.

Auf die Perser können die hier besprochenen Formen schwerlich gedeutet werden, deren Namen die Inder durch *Pârasika* wiedergeben, selten auch *Pâraçika* geschrieben; beides mit dem bereits erwähnten erânischen Bildungssuffixe, dessen letzten Überrest das noch heute übliche Wort *Pârsî* zeigt. Dass die Inder mit den Parthern schon in der Zeit, welcher die Erwähnung im Rigvéda angehören müsste, in Berührung kamen, also wahrscheinlich viel früher, als mit den Persern, wird mit Rücksicht auf die

geographischen Verhältnisse natürlich erscheinen, und wenn der
Parther als eines Volkes unter ihrem ursprünglichen Namen bei
den Indern sonst keine Erwähnung geschieht, so mag das verschiedene Gründe haben. Theils nemlich haben die Parther in früher
Zeit niemals eine politische Rolle gespielt, welche sie mit entfern-
teren Völkern hätte in häufige Berührung bringen müssen; anderntheils ist die indische Litteratur gegen historische Vorgänge, wie
dergleichen zur Zeit des parthischen Principats in Érân nicht ge-
fehlt haben können, immer sehr gleichgültig gewesen, überdies
auch uns natürlich nicht vollständig bekannt geworden. Andre
Ursachen sind hinzugekommen, den parthischen Namen für die Inder zu verdunkeln, wovon nachher die Rede sein wird.

Sollte durch die Zusammenstellung mit dem Parçu der Inder
auch die Deutung der assyrischen Form Parsua durch Parther an
Wahrscheinlichkeit gewinnen, so käme gegen diese immer noch ein
anderes Bedenken in Betracht, das auf der geographischen Lage
beruht, in welcher wir die Parsua nach den Inschriften finden.
Diese lässt sich leider nicht genau ermitteln, und von den ihnen
zugeschriebenen Städten ist keine bekannt. Salaχamanu (auf
dem Obelisk von Nimrûd) erinnert zwar einigermassen an die am
caspischen Meere belegene hyrkanische Stadt Saramanne oder
Saramane bei Ptolemaeus, wozu auch die beachtenswerthe Variante Σαζαγβάιη angeführt wird, und bei Ammian (XXIII, 6, 52.);
doch ist aus solcher Namensähnlichkeit natürlich kein sicherer
Schluss zu ziehen, obgleich es nicht zweifelhaft ist, dass die assyrischen Krieger das Ufer des caspischen Meeres erreicht haben.
Dagegen scheint es nicht, dass sie in jener Zeit nach Osten zu
bis dahin vorgedrungen sind, wo wir späterhin zuerst die Parther
wiederfinden, und man würde daher bei Identificirung der Parsua
und Parther anzunehmen haben, dass die Nation zwischen dem
achten und fünften Jahrhundert entweder, soweit sie mehr im Westen
wohnte, von Fremden, etwa von Medern unterjocht, ihre Selbst-
ständigkeit und damit ihren Namen verloren, oder auch überhaupt
ihre Wohnsitze weiter nach Osten verlegt hätte. Gegen keine dieser
beiden Annahmen möchte sich Erhebliches einwenden lassen, wenn
wir auch über die Veranlassung und die näheren Umstände der
eingetretenen Veränderung nicht das Geringste erfahren und auf
blosse Vermuthungen angewiesen sind, wie solche Herr Fr. Lenor-
mant in seinen Lettres assyriologiques, tom. I. p. 37. s., aufgestellt

hat. Übrigens ist nicht ausser Acht zu lassen, dass die gleiche geographische Schwierigkeit auch bei etwaniger Deutung der Parsua als Perser bestehen würde. Bei den Parthern jedoch ist die Schwierigkeit, wie es scheint, geringer, da diese sicherlich immer dem nördlichen Érân angehört haben, wo die eigentlichen Perser sich nirgend zeigen.

Wie es sich nun auch mit den Parsua der Assyrier verhalten mag, immer lernen wir die Parther zuerst als Bewohner éränischen Landes und unter einem Namen éränischer Bildung kennen. Die Griechen und Römer späterer Zeit hörten freilich, die Parther seien ein ausgewanderter skythischer Stamm; die Richtigkeit dieser Angabe ist aber keineswegs hinreichend verbürgt, und wenn sie es wäre, würde sie für die Ermittelung der nationalen Beziehungen des Volkes von keinem Werthe sein. Dass der Name Skythen keine ethnographische Bedeutung hat, ist heutzutage nicht mehr zweifelhaft, und dass darunter auch indogermanische Völkerschaften mit begriffen wurden, zur Genüge nachgewiesen. Es will deshalb auch nichts besagen, wenn es heisst, der Name Parther gehöre der skythischen Sprache an, während freilich umgekehrt Suidas zu erzählen weiss, die von Sesostris nach Unterwerfung der Assyrier angesiedelten Skythen hiessen in persischer Sprache Parther. Es ist durchaus nicht unwahrscheinlich, dass die den Skythen beigezählten, an der Grenze von Érân, dann in Érân selbst wohnenden Parther nicht nur indogermanischen Ursprungs, sondern sogar den Érâniern nahe verwandt, wenn nicht gradezu selbst Érânier waren, wie ihre Nachbaren in Chârizmien und Sogdiana. Dass sie in Sitte und Lebensweise viel „Barbarisches und Skythisches" zeigten (Strabo 515) und zum Theil wenigstens noch lange Nomaden blieben (Plin. VI, 25), dürfen wir schon glauben.

Unter allen Umständen ist es ganz gerechtfertigt, wenn versucht wurde, den Namen Parthava zunächst aus dem Alt-Baktrischen zu erklären, wie namentlich de Lagarde, Beiträge zur baktr. Lexikogr. S. 57 und gesammelte Abhandl. S. 221, gethan. Dabei hat die Angabe späterer griechischer Scribenten, dass die Parther von den Skythen ihren Namen als φυγάδες (= exsules bei Justin) erhalten hätten, Veranlassung gegeben, die baktrische Wurzel *pareth* (= indogerm. *parth*) oder *pereth* (= *prth*) in der Bedeutung von fliehen heranzuziehen, und sehr wahrscheinlich liegt eben diese Ableitung der gedachten Angabe zum Grunde. Ob aber durch diese selbst der Ursprung des Namens der Parther in Wahrheit richtig erklärt wurde, kann sehr zweifelhaft erscheinen und eine andere Erklärung des Namens aus derselben Wurzel vielleicht mehr Vertrauen verdienen. Ihr wird nemlich mit mindestens nicht geringerem Rechte auch die Bedeutung kämpfen zugeschrieben (Justi, Zendsprache S. 186), und eher mochten die Parther selbst sich den Namen Kämpfer. Krieger beilegen oder gefallen lassen, als den von Landflüchtigen.

Sollten die Parther wirklich einen mit dem Baktrischen nahe verwandten, wo nicht identischen, erânischen Dialekt gesprochen haben, so erschiene auch die Angabe bei Justin (XLI, 2) voll-kommen glaubwürdig, wonach ihnen ein sermo inter Scythicum Medicumque medius et utrimque mixtus zugeschrieben wurde. Na-türlich stammt die Notiz aus einer Zeit, in welcher die Parther sich längst zu Herren von Medien gemacht hatten.

Ergiebt sich nun aus der angeblichen Einwanderung der Parther aus dem Skythenlande keinerlei Anzeichen einer tûrânischen, d. h. uralisch-altaischen Abkunft derselben, so lässt sich doch nicht leugnen, dass eine solche nicht deshalb undenkbar wäre, weil wir die Nation von früh her auf erânischem Boden finden. Oft genug sind tûrânische Stämme in Erân eingewandert und haben sich mit-ten unter den Erâniern dauernd angesiedelt, und selbst für die Annahme, dass in früher Zeit ein grosser, vielleicht der grösste Theil von Erân eine tûrânische Bevölkerung hatte, sprechen ge-wichtige Gründe. Solche Ureinwohner scheinen dann, ebenso wie manche eingewanderte Tûrânier, später in die überlegene erânische Nationalität völlig aufgegangen zu sein, wovon denn eine arge Ver-dunkelung der ethnographischen Verhältnisse die unausbleibliche Folge war. So könnte es namentlich auch mit den Parsua der assyrischen Inschriften im westlichen Erân ergangen sein, nur dass dann immer ihr erânischer Name unerklärt bliebe.

Zu völliger Sicherheit über die Beschaffenheit der alten par-thischen Sprache gelangen wir freilich mit Betrachtungen, wie die vorstehenden, nicht. Dazu bedürfte es durchaus eines hinreichen-den Materials unzweifelhaft echter parthischer Sprachdenkmale. Aber wo wären diese zu finden? Die uns von Griechen und Rö-mern überlieferten, angeblich parthischen Glossen sind gering an Zahl; es wird deren kaum ein Dutzend geben. Darunter fin-den sich einige offenbar erânische, während andere dunklen Ur-

sprungs sind. Und selbst das ist ganz unsicher, ob jene Glossen
in der That echt-parthisches Sprachgut sind und ihnen nicht,
nachdem die Parther Beherscher Éràns geworden, allerlei Ausdrücke beigemischt wurden, die gar nicht parthisch, sondern anderen éràuischen Dialekten, vielleicht auch tûrânischen Sprachen
angehörten, die in Érân geredet waren oder noch geredet wurden;
wie denn auch umgekehrt unter den zahlreichen angeblich persischen Glossen solche vorhanden sein können, die in Wahrheit
ursprünglich parthisch waren. Die beiden Namen Parther und
Perser wurden eben zur Zeit der parthischen Herrschaft im Auslande gewiss nicht streng aus einander gehalten.

Auch eine Durchmusterung der Eigennamen von Parthern, insbesondere ihrer Könige, führt zu keinem sichern Ergebniss. Eine
Mischung verschiedener Elemente im Kreise der Personennamen
ist nicht gerade befremdlich, wo mancherlei Volk neben einander
wohnte, und was die Könige angeht, ist es ja nicht einmal unzweifelhaft, ob nicht Anarier über Érânier oder umgekehrt Érânier
über Anarier herschten. Der erste König Arsakes wird bald als
ein Baktrier, bald als ein Skythe, der Parthien eroberte. also wohl
die Parther unterjochte, bald wieder als selbst ein Parther darge-
stellt, der sich gegen den Statthalter des syrischen Königs em-
pörte.

Sonach bleibt die Frage nach der Nationalität der Parther
ohne entschiedene Antwort. Wenn man ihnen aber jedes Anrecht
auf den Namen Arier deshalb hat absprechen wollen, weil ihr
Name im Avesta nicht erwähnt wird, wozu namentlich der erste
Fargard des Vendìdâd hätte Veranlassung geben können, so wird
das zurückzuweisen sein. Denn an dieser berühmten Stelle handelt es sich gar nicht um eine Aufzählung von Völkerschaften,
sondern von Landschaften. Die Parther können sehr wohl zur
Zeit der Abfassung des Vendìdâd schon in der Landschaft *Niçâya*
gewohnt haben, ohne dass Grund vorhanden war ihren Namen zu
erwähnen. Späterhin freilich wurde, wie schon vorhin bemerkt
worden, der Name des Volks Parthava auch Name seines Wohn-
sitzes.

Hier mag noch angedeutet werden, dass ebenderselbe Name
vermuthlich auch den einzelnen Parther bezeichnete, grade so, wie
in den Inschriften der Achaemeniden Pàrça nicht bloss Benennung

des persischen Volkes und Landes, sondern auch des persischen
Mannes ist; anderer ähnlicher Beispiele nicht zu gedenken.

Der Bezeichnung eines Volkes und des ihm angehörenden In-
dividuums mittels der gleichen Namensform steht ein analoges Verfahren zur Seite, wenn der auch für das Heimatland gebrauchte
Name auf enger begrenzte Punkte, wie eine einzelne Stadt, übertragen wird. Ein Beispiel dieser Art kann auch an dem Namen
Parthava nachgewiesen werden und seine Gültigkeit wird kaum
anfechtbar sein. Um die Mitte des zweiten vorchristlichen Jahrhunderts bemächtigten sich die Arsaciden des Regiments in Armenien, welches darnach, einige kürzere Unterbrechungen abgerechnet, Jahrhunderte lang unter der Botmässigkeit dieses Hauses
blieb. Nun erwähnt die dem Moses von Chorén zugeschriebene,
in ihrer jetzigen Gestalt nicht vor dem 6. Jahrhdt. abgeschlossene
armenische Geographie, an der äussersten Nordgrenze Armeniens
gegen Albanien hin, zwischen dem Araxes und dem Kur, als die
vornehmste Stadt der Provinz Utia die Stadt *Partac*, später vom
Volke *Perde* gesprochen, bei Arabern und Türken *Berda'a* oder
Berdha'a mit aspirirtem *d*. In der Mitte des 10ten Jahrhdts. war
sie nach dem Zeugniss arabischer Geographen eine der grössten
Städte des weiten Landes zwischen 'Iráq und Choräsán; jetzt ist
nur ein elendes Dorf davon übrig. Da *Partav* von armenischen
Geschichtsschreibern schon im 5ten Jahrhdt., nicht lange nach dem
Falle der Arsaciden-Dynastie in Armenien als Sitz eines Erzbi-
schofs erwähnt wird, kann es nicht füglich zweifelhaft sein, dass
die Stadt eine Gründung der Parther und ihr Name mit dem dieses Volkes identisch war. Auch wird daran kein Anstoss zu neh-
men sein, dass die armenischen, der Gründungszeit schon fernste-
henden Schriftsteller den Namen der Stadt nicht mehr, wie den
des Volkes mit aspirirtem *t* schreiben; hat sich doch die Aussprache naturgemäss successiv verändert, durch *t* zum *d* und seinem
Spiranten. Auf die Verhältnisse dieses Platzes ist weiter noch
zurückzukommen.

Als ein Seitenstück zu diesem *Partav* am Nordrande dereinst
parthischen Gebiets, als eine vorgeschobene parthische Colonie,
könnte vielleicht das von Ptolemaeus ganz im Süden der Persis
namhaft gemachte *Parta*, in der Nähe von Τάοκη, also in der Gegend des heutigen Abû Schehr, anzusehen sein; ein Ort, über den
jedoch anderweitige Nachricht durchaus fehlt. — Auch das von

St. Martin. Mémoires sur l'Arménie I. p. 177, angeführte *Parthoughim* im kurdischen Armenien könnte seinen Namen den Parthern verdanken.

In dem ursprünglichen Partherlande stossen wir ebenfalls auf einen geographischen Specialnamen, der hier erwähnt werden muss. Es ist das *Parthaunisa* des Isidor von Charax. Leider scheint der Text da, wo diese Örtlichkeit erwähnt wird, nicht in unverderbter Gestalt überliefert zu sein. Die Worte lauten bei C. Müller so: ἐντεῦθεν Παρθυηνή, σχοῖνοι κε΄, ἧς αὐλών· Παρθαύνισα ἡ πόλις ἀπὸ σχοίνων ς΄· ἔνθα βασιλικαὶ ταφαί· Ἕλληνες δὲ Νίσαιαν λέγουσιν. In der Übersetzung heisst es: Hinc Parthyena, schoeni 25, cujus est vallis et Parthaunisa urbs post schoenos 6. Das nackte αὐλών ohne nähere Bezeichnung irgend einer Art muss jedoch sehr anstössig erscheinen und in seinen Prolegomenis, p. LXXXIX, spricht daher Müller, den Mangel stillschweigend ergänzend, von der „Nisaea Parthyenes convallis" und von dem „αὐλών Nisaeae". Die Gestalt des Textes bleibt aber darum nicht weniger anstössig und kann auch durch die kurz vorhergehende Stelle nicht gerechtfertigt werden, wo man liest: ἐντεῦθεν ὑπερβάντων τὰς Κασπίας πύλας ἐστὶν αὐλών καὶ ἡ Χοαρηνή. Hier macht sich dasselbe Bedenken nicht weniger geltend und der Verdacht einer Verstümmelung des Textes oder vielmehr Text-Auszuges liegt nahe. Müllers Handschriften ergaben bei der Parthyene nur die Schreibung ἡ ταυλών, an die sich Müllers Text nahe genug anschliesst. Hudson schrieb ἐν ἧ Σαυλόη Παρθαύνισα, um einen besseren Sinn zu gewinnen, wie es scheint, willkürlich einen Ortsnamen erfindend oder wenigstens erweiternd. Ein anderer Besserungsversuch, der aber ebensowenig befriedigt, nähert sich der Fassung in der Stelle über Choarene, indem geschrieben wird: ἐν ἧ αὐλών καὶ Παρθαύνισα.

Das Wichtigste in der Stelle bleibt von dem erwähnten Anstosse glücklicher Weise unberührt, und dass Parthaunisa der einheimische Name war, der neben oder anstatt einer alten (baktrischen) Form *Niçâya* zur Bezeichnung der Landes-Hauptstadt gebraucht wurde, kann wohl keinem Zweifel unterliegen. Auch ergiebt sich der Sinn dieses zusammengesetzten Namens, wie längst anerkannt ist, ganz von selbst. Parthaunisa ist das „Parther-Nisa" oder „Parthisch-Nisa", im Gegensatze zu andern gleichnamigen Örtlichkeiten in Erân, an denen es nicht fehlte, besonders zu der bekannten medischen. In der verkürzten Form Nisâ, auch

wohl Nasâ geschrieben, führen die arabischen Schriftsteller ausser
dem von Droysen auf Parthisch-Nisa gedeuteten Platze im nördlichen Choràsàn noch mehrere Ortsnamen an, in Fârs, in Kirmân
und in dem Bezirke von Hamadân. Wenn sich nun auch der Name des Parthervolkes in einigen
wenigen Ortsbezeichnungen, wie in Parthannisa (bei Isidor) bis in
den Anfang der christlichen Zeitrechnung und in Partav bis tief in
die Zeit der muhammedanischen Herschaft hinein, wesentlich in
seiner alten Gestalt erhalten hat, ist diese uns doch nach der Re-
gierungszeit des Darius Hystaspis direct von Érân aus nicht wieder überliefert worden, sondern ausschliesslich durch Nachbarvölker
vermittelt, mit denen die Parther in Berührung kamen, und die sich
der alten Namensform während der ganzen Dauer der parthischen
Herschaft in Érân und noch später für die Nation selbst bedienen
und meist alles, was deren Reiche angehört, als parthisch bezeichnen, auch dann, wenn es sich um Dinge handelt, die im Grunde
nur abhängige Völkerschaften angehen.

Dass wir aus Érân selber nichts mehr von Parthern erfahren,
ist freilich insofern ganz natürlich, als uns von dort während des
langen Zeitraums der arsacidischen und sâsânidischen Herschaft,
einige Inschriften von ziemlich dürftigem Inhalte abgerechnet, überhaupt nichts Schriftliches bekannt geworden ist. Als aber darnach
muhammedanische, meist von Geburt dem érânischen Lande angehörende Schriftsteller begannen, historisches Material in zahlreichen
Werken niederzulegen, von denen uns manche werthvolle erhalten
sind, da muss der alte Name der Parther in Érân ganz verschollen
gewesen sein, da sie denselben niemals nennen. Sie führen die
einst so mächtige Dynastie immer nur als die *Aschkâniân* oder
Aschgâniân, d. h. als die Nachkommen ihres Begründers Arsaces
auf; die Zeit derselben heisst bei ihnen die der Theilkönige, d.
i. der zahlreichen Fürsten, welche unter der Lehnshoheit der arsacidischen Grossherren die einzelnen Territorien des Gesammt-
reiches selbständig verwalteten, ihrerseits den Königstitel führten
und theils dem Hause der Oberkönige oder anderen parthischen
Geschlechtern, theils aber auch anderen, von den Parthern abhängigen Völkerschaften angehörten. In den Augen der Nachbarvölker
und in Folge davon auch später in den Berichten jener muhammedanischen Schriftsteller mag das Ansehen der parthischen Grosskönige, mehr und mehr abnehmend, gegen die selbständige Macht

der Theilfürsten allmählich zurückgetreten sein; dennoch würde es
höchst auffallend sein, wenn das Andenken an das einst so mächtige Volk in Érân sogar bis auf den Namen erloschen wäre, so
dass zur Zeit der Herschaft der Araber und ihrer Nachfolger im
Regimente von denselben nicht die geringste Kunde mehr vorhanden war.

Dem ist aber auch keineswegs so, sondern der Name ist erhalten, nur in seinem Lautbestande erheblich umgewandelt, und daher in seinem neuen Gewande und bei zum Theil
modificirter Verwendung im Sprachgebrauche als mit der alten
Form identisch nicht mehr erkannt. Das Richtige hier zu sehen
war dem Forschergeiste neuerer Zeit vorbehalten. Dass altérânisches *Parthava* und neupersisches *Pahlav* in der Bedeutung von
Land und Volk der Parther zusammenfallen, ist von dem
hochverdienten französischen Gelehrten Étienne Quatremère
zuerst erkannt und ausgesprochen in seinem denkwürdigen Artikel
im Journal des Savans von 1840 p. 337 ff. Ob ihm auch die
sprachliche Identität beider Namen, d. h. die Entstehung von
Pahlav aus Parthava durch Umwandlung nach érânischen Lautgesetzen, klar geworden sei, ist mindestens sehr zweifelhaft. Diese
ist aber von mehr als einem ausgezeichneten Forscher der neusten
Zeit vollkommen richtig erkannt; so von Oppert (Journ. Asiat.
1851. Série IV. tom. 17. p. 279), von Haug (introd. essay zu dem
Pahlavi-Pazend Glossary p. 35). Die Umwandlung beruht bekanntlich auf dem Tausch des Platzes zwischen *r* und dem unmittelbar nachfolgenden aspirirten Dental, auf der nahen Verwandtschaft und häufigen Vertauschung des *th* mit einem Zischlaute,
endlich auf dem bekannten Übergange von Zischlauten in Hauchlaute und von *r* in *l*.

Ein Beispiel gleichartigen Lautwandels verdient jedoch besondere Erwähnung, nemlich das neupersische Wort *pahlû*, Seite,
welchem die Sanskrit-Form *parçu*, Rippe, gegenüber steht, während der Bedeutung nach im Sanskrit die abgeleitete Form *pârçva*,
die Rippengegend, Seite, entspricht. Die Umwandlung des Zischlauts in *h*, die des *r* in *l*, sowie der Tausch des Platzes zwischen
l und *h*, sind dieselben wie in *Pahlav* neben *Parthava*. Auch hat
man zwischen *pahlû* und *Pahlav* unmittelbare etymologische Verwandtschaft zu entdecken gemeint, doch, wie nicht zweifelhaft sein
kann, irrthümlich, und wesentlich mit durch den Umstand verleitet,

dass in einigen wenigen Beispielen Pahlav in Pahlû verwandelt erscheint. Während aber der Übergang von -av in -û durchaus nicht unnatürlich ist, wäre der von -û in -av in dieser Stellung als ganz willkürliche lautliche Änderung auf keine Weise zu rechtfertigen. Sie ist ebenso unzulässig, wie ein Zusammenwerfen des Namens der Perser mit dem der Parther sein würde.

In welcher Zeit die Umwandlung des Namens Parthava in die Form Pahlav vor sich gegangen sei, lässt sich nicht bestimmen; es versteht sich jedoch von selbst, dass sie sich nur allmählich vollzog und nicht überall in Êrân gleichzeitig durchdrang. Sie gehört ganz dem letzten Stadium der erânischen Sprachbildung an; darauf aber, dass dieses schon frühzeitig begonnen hat, ist von de Lagarde mit Recht aufmerksam gemacht, z. B. Abhandl. 43, 10. Die erste Erwähnung der neuen Form, deren Zeitpunct sich einigermassen bestimmen lässt, finden wir bei armenischen Schriftstellern, welche der Zeit der Arsaciden-Herschaft in Êrân noch ziemlich nahe standen und die nicht durch Lautversetzung abgeänderte Form *Palhav* neben *Pahlav* noch als gleichwerthig gebrauchen. Es ist nicht unwahrscheinlich, dass die Umwandlung zur Zeit des Übergangs der Herschaft an die Sâsâniden bereits weit vorgeschritten war; vielleicht hatte sie schon hundert bis zweihundert Jahre früher begonnen.

Dass die Umwandlung des Namens der Parther wesentlich dazu beigetragen hat, den alten Namen bei den Indern in Vergessenheit zu bringen, ist wohl sehr wahrscheinlich. Für eine nähere Zeitbestimmung jener Umwandlung leistet aber leider die häufige Erwähnung des Volkes der Pahlavas bei den Indern keine Dienste, theils weil es an ausreichenden chronologischen Angaben für die indische Litteratur überhaupt fehlt, theils weil fest zu stehen scheint, dass diese ursprünglich die Parther bezeichnende Form nach deren Sturze ohne Weiteres auf ihre Nachfolger in der Herschaft, die Perser, übertragen worden ist.

Wird aber nicht die Richtigkeit der ganzen Ausführung über die Identität der Namen Parthava und Pahlav dadurch hinfällig oder doch in hohem Maasse verdächtig, dass abgesehen von dem Gebrauche des Namens Pahlava für ein Volk bei den Indern, derselbe sonst in dieser Hauptform nirgend, weder in Êrân noch im Auslande, in gleichem Sinne vorkommt? Man ist vollberechtigt diese Frage zu verneinen; der Gebrauch theils abgeleiteter For-

men, von denen später zu handeln ist, theils der Form Pahlav selbst,
wie er sich in der That gestaltet hat, bürgt dafür.

Hier ist es vor allem nöthig, die Aufmerksamkeit auf den
merkwürdigen und von unzweifelhafter Sachkenntniss zeugenden
Bericht des Moses von Chorén, bei Whiston p. 129, zu richten,
dessen Wichtigkeit auch anderweit Anerkennung gefunden hat,
z. B. bei de Lagarde, Gött. gel. Anz. 1870. S. 1450. Der Ar-
menier erzählt, wie nach dem Tode des (parthischen) Königs Aršavir von Persien, d. h. von Érán, die Hausangelegenheiten der
arsacidischen Herscher geordnet wurden. Neben dem Zweige, dessen Haupt der älteste, mit der Würde des Grosskönigs bekleidete
Sohn des Aršavir, Namens Artašés, war, wurden für und durch
seine Brüder Karén und Surén, sowie durch den Gemal seiner
Schwester und Oberfeldherrn der Éránier, drei andre Zweige des
Königshauses begründet. Allen diesen wurde der Ehrentitel Pahlav, unläugbar in dem Sinne von „parthischer Prinz“, der Vor-
rang vor allen anderen Statthaltern des Reiches und das Recht der
Thronfolge für den Fall des Aussterbens der königlichen Haupt-
linie zugesichert. Moses lässt diese Auseinandersetzung in der ersten Hälfte des ersten Jahrhunderts nach Chr. eintreten; die chronologischen Angaben sind indessen bei den armenischen Schriftstellern sehr unzuverlässig und so muss auch die Richtigkeit derselben in diesem Falle dahin gestellt bleiben. Aber gegen die
Glaubwürdigkeit der Auskunft über die staatsrechtlichen Verhältnisse des in die Geschichte Armeniens so eng verflochtenen arsacidischen Hauses lässt sich dieser Umstand ebensowenig geltend
machen, als die auch hier auftretende Incongruenz der von Armeniern und Römern überlieferten Königsnamen und die bei dieser
Gelegenheit vorgetragene, den Armeniern geläufige, längst als ver-
werflich anerkannte Ableitung des Namens Pahlav von dem der
Stadt Balch, die ohne allen Grund für eine vormalige Residenz
der Partherkönige ausgegeben wird.

Die genannten Familien haben sämmtlich auch späterhin und
zum Theil bis in die muhammedanische Zeit hinein eine bedeu-
tende Rolle in Érán gespielt und aus dem Berichte des Moses ergiebt sich unverkennbar, in wie genauer Beziehung der Name Pahlav zu dem parthischen Königshause stand. Durch die Beilegung
des Titels als „Prinzen von Parthien“ wurde allen übrigen
Statthaltern oder Unterkönigen gegenüber eine Schranke errichtet,

an der fortan festgehalten wurde. Dass der jedesmalige Grosskönig sich officiell, z. B. auf seinen Münzen, mit dem persönlichen
Namen des Gründers der Dynastie benannte, hat mit dem hier besprochenen Hausgesetze natürlich nichts zu thun, mag aber wesentlich schuld daran sein, dass unsre anderweitigen Quellen von der
Bedeutung des Namens Pahlav für das königliche Haus gänzlich
schweigen; nur der letzte parthische Grosskönig Artabân (Ardavân)
führt bei den arabischen Schriftstellern den von Pahlav in adjecti-
vischer Form abgeleiteten Beinamen al-Fahlavî = Pahlavî.

Mit jenem Hausgesetze kann schwerlich beabsichtigt gewesen
sein zu verhindern, dass sich Angehörige der parthischen Nation,
zumal des parthischen Adels, als Parther oder, was dasselbe ist,
als Pahlav bezeichneten, und wäre dies wirklich die Absicht gewesen, so ist sie zuverlässig nicht erreicht worden; die stolze, in
gewissem Maasse über ganz Êrân gebietende Nation hätte sich das
nicht gefallen lassen. So erklärt es sich denn ganz natürlich, dass
der Name des tapfern Parthers noch bis in später Zeit die Bedeutung eines Helden behielt und z. B. Rustam im Schâhnâme T.
Macan I. p. 213, 22, bei Mohl I. S. 454 v. 186, angeredet wird:

(bei Mohl نامَوَر (نامدار ای پیلو جای; oder dass Dârâ Boten sendet

بِنَر نامدارى و عم پیلوى, des Reimes wegen mit pahluî statt pahlavî,
„an jeden Berühmten und an jeden Helden", Macan III. 1275. Z.
2; Mohl V. 76. v. 196, auch bei Vullers Chrest. S. 21. v. 272, und
dass die gleichwerthige abgeleitete Form Pahlavân bis auf den
heutigen Tag in Gebrauch geblieben ist.

Die Übereinstimmung von Parthava und Pahlav erstreckt sich
aber nicht bloss auf den Gebrauch für die Nation und deren Angehörige, sondern sie wiederholt sich bei der Verwendung des Namens zur Bezeichnung von Örtlichkeiten, zunächst parthischen Landes. Zwar nicht die alte engere Heimat der Parther
in Chorâsân wird später Pahlav oder dafür Pahla (mit stummem
h am Ende) und nach arabischer Aussprache Fahlav oder Fahla
genannt, sondern ein andres, ausgedehntes Gebiet, dessen Umfang
von verschiedenen (muhammedanischen) Schriftstellern verschieden
angegeben wird. Im Fihrist des Ibn Abî Ja'qûb an-Nadîm, p. 13.,
ist uns die Angabe des berühmten 'Abdallâh Ibn al-Muqaffa' über
diesen Gegenstand erhalten, dessen schriftstellerische Thätigkeit der
ersten Hälfte des achten Jahrhdts angehört. Darnach ist Fahla

2*

der Name für die Gebiete (بلادان) von Ispahân, ar - Raj, Hamadân, Mâh Nihâvand und Aderbaiğân. Damit ist der Umfang des ganzen Mediens, Media magna und Media Atropatene, bezeichnet. Dieselbe Angabe wird anderswo (bei Jâqût III, p. 925., der sich bekanntlich nur in dem Namen des Verfassers seiner Quelle irrt,) auf Mas'ûdî (Mitte des zehnten Jahrhdts) zurückgeführt. Es widerspricht auch diesen Auctoritäten nicht, wenn im Burhâni Qâti' als Geltungsbereich des geographischen Namens Pahla die Districte (ذواحی) von Raj, Ispahân und Dînawar namhaft gemacht werden, indem damit nur die entlegensten Hauptplätze im Nordosten, Süden und Westen Mediens bezeichnet, nicht aber die dazwischen liegenden Gebiete ausgeschlossen werden. Auch Bîrûnî (in der ersten Hälfte des elften Jahrhdts) spricht von Ispabân, ar - Raj und den übrigen Ländern (بلادان) der Fahla; womit zu vergleichen ist, was Quatremère (Journ. des Sav. 1840. p. 344.) aus Mas'ûdî anführt: die Perser waren in Fârs, den beiden Mâh's, (d. i. im westlichen Medien,) und den übrigen Ländern (بلاد) der Fahlûs, الفهلوس, wofür wohl sicher الفهلوویین zu schreiben ist, wie bei Jâqût III, p. 925, 14. Hiernach kann über die weite Ausdehnung des Landes Pahlav kein Zweifel bestehen, und wenn bei Vullers im Lexicon ohne Angabe der Quelle Pahlav auch als Name der Gegend von Ispahân aufgeführt wird, so ist dies eine Verwendung des Ausdrucks als Localname, auf die nachher zurückzukommen ist. Keineswegs aber durfte Quatremère a. a. O. wegen derselben Mas'ûdî und Bîrûnî eines Irrthums zeihen, welche den Namen Fahla auf ganz Medien ausdehnen.

Hier muss zunächst bemerkt werden, dass der Umfang des Landes Pahlav von Schiraweihi bin Schahrdâr, einem persischem Schriftsteller, der zu Anfang des zwölften Jahrhdts starb, nach dem Zeugniss Jâqût's (III, 925.) etwas anders bestimmt wurde, als von den vorhin angeführten Gewährsmännern. Er befasst unter jener Benennung sieben, dem alten Medien angehörende oder doch zeitweise demselben einverleibte Gebiete, die von Hamadân, Mâsabadân, Qumm, Mâh al - Baçra (d. i. Nihâvand), as - Çaimara, Mâh al-Kûfa (d. i. Dînawar) und Qarmîsîn, schliesst dagegen ar-Raj und Ispahân, also den nordöstlichen und den südlichsten Theil Mediens ausdrücklich davon aus, und ebenso andere ausgedehnte erânische Provinzen, die freilich auch die genannten älteren Zeugen gar nicht heranziehen, nemlich Qûmis, Tabarastân, Chorâsân, Si-

ǵistan, Kirmân, Makrân, Qazwîn, Dailam und Talaqân. Die Aus-
schliessung von ar-Raj und Ispahân mag mit einer Veränderung
in der Abgrenzung der érànischen Provinzen zusammenhängen, obwohl Pahlav nirgend als ein officieller, auf die staatlichen Verhältnisse bezüglicher Name erscheint, sondern eher eine volksthümliche
Benennung gewesen sein wird. Es steht aber auch hiernach fest,
dass Pahlav zur Zeit der muhammedanischen Herschaft bis in das
zwölfte Jahrhdt hinein wesentlich als Name Mediens erscheint,
und es fragt sich nur, worauf diese Vertauschung des alten Namens mit einem jüngeren beruht.

Die Antwort dürfte nicht schwer sein. Mas'ûdî sagt (II. 133.):
„die meisten der Statthalter (in den érànischen Provinzen) unter-
warfen sich den Aschgâniern (Arsaciden), d. h. den Königen im
Ǵibâl, in den Landschaften von Dînawar, Nihâvand, Hamadân,
Mâsabadân und Âderbeiǵan. Da alle Könige dieser Gegend gleich-
mässig Arsaciden hiessen", — Moses von Chorén würde sagen:
dem parthischen Königshause angehörten und Pahlav hiessen, —
„so übertrug man diesen Namen auf die übrigen Theilkönige mit
Rücksicht darauf, dass sie jenen unterworfen waren". Ähnlich
drückt sich Bîrûni aus, p. 112. Sachau: „die Aschkânier sind die-
jenigen (Theilfürsten), welche in 'Irâq und al-Ǵibâl herschten".
Deshalb also erhielt, — wie auch de Lagarde, GGA. 1870. S.
1452, nicht entgangen ist, — Medien den neuen Namen, weil es
unter der unmittelbaren Herschaft des parthischen Königshauses
stand, während Unterkönige, die wenigstens zum Theil nicht einmal
dem parthischen hohen Adel angehörten, in den übrigen érànischen
Provinzen herschten. In Medien regierten ohne Zweifel ausser den
Grosskönigen auch jene Seitenlinien ihres Hauses, von denen Moses
von Chorén uns Kunde giebt, die karénischen, surénischen und
aspahbâtischen Pahlav's; vgl. darüber de Lagarde, GGA. 1870.
S. 1450 f. In der That war Medien, nachdem es durch die Parther
gewonnen war, die wichtigste Provinz ihres Reiches, das starke
Bollwerk gegen mächtige Nachbaren im Westen, geeigneter Aus-
gangspunkt für den Angriff, und wegen seiner nicht zahlreichen
und schwer zugänglichen Pässe bequem zu vertheidigen. Seine
Bedeutung für den Besitz der Herschaft in Asien hebt bekanntlich
auch schon Polybius treffend hervor, X, 24. Hier waren darum
die parthischen Fürsten selbst mit ihrem streitbaren Heere auf dem

Posten und zu den wechselnden Residenzen der Grosskönige gehörte, wie früher unter den Achaemeniden Ekbatana, wiederum Hamadân. Die Karénier, hatten ihren Sitz nach Tabarî, wie von den Herren Nöldeke und Barth aus verschiedenen Handschriften des arabischen Textes gefälligst mitgetheilt wird, in Mâh Nihâvand, die Aspahbâde in ar-Rej, die Surénier in Sigistân. Noch der letzte arsacidische Herscher in Êrân, Ardavân Pahlavî, beherschte, wie Tabarî (in der persischen Bearbeitung, bei Zotenb. II. p. 71) berichtet, das ganze Gíbâl.

So war der Name der Parther in seiner neu-êrânischen Form als Landesname von der alten Heimat des Volkes nach Westen vorgerückt. Den Völkern des Westens freilich blieb die Änderung der Namensform und die Verwendung desselben zur Bezeichnung Mediens, soviel wir wissen, unbekannt; selbst bei den Armeniern scheint sich von der letzteren keine Kunde erhalten zu haben. Auch sie belassen dem gesammten Volke den alten Namen und dem Lande Medien geben sie theils eben diesen, theils vertauschen sie ihn in Folge der mittlerweile eingetretenen Herschaft der persischen Sâsâniden mit dem Namen Persien. Dass der Name Pahlav jemals auf das gesammte parthische Reich ausgedehnt sei, wird nirgend angedeutet.

Wenn der Name Parthava einst nicht bloss zum Landesnamen wurde, sondern auch zum Eigennamen einer beschränkteren Örtlichkeit, insbesondere einer Stadt, werden konnte, wie es die Existenz der oben erwähnten Stadt Partava in der armenischen Provinz Utia nicht zweifelhaft erscheinen lässt, so wäre es nicht grade auffallend, wenn auch der Name Pahlav in gleicher Weise verwendet vorkäme. Und in der That behauptete Th. Hyde, Hist. religionis vett. Persarum, p. 418 der ersten, p. 427 der zweiten Ausg., Néschapûr, die Hauptstadt Chorâsân's, werde zuweilen (aliquando) auch Pahla (= Pahlav) genannt, und fügte p. 420 (429) hinzu, die Pahlavi-Sprache habe vielleicht ihren Namen als die „lingua novae urbis ad latus veteris Neishâbur extructae"; meistens jedoch (plerumque) sei Pahla oder بهلوه Pahlava speciatim die Stadt Neishâbur. Woher diese Angaben stammen, ist unbekannt; de Lagarde vermuthete, dass sie dem Farhangî Gahângîrî entnommen sein möchten, doch scheint sich dies nicht zu bestätigen. Vielleicht war Hyde's Quelle das oft von ihm citirte Werk معجزات فارسی, dessen

Spur verloren gegangen sein mag. Für das seltsame بيلاوه wird
بيلو herzustellen sein. — Abgesehen von diesen Notizen geben
aber auch die persischen Original-Lexica an, dass eine Stadt an
der indischen Grenze den Namen Pahlav führte. Die angeführte
Beweisstelle aus dem Schâhnâme ist jedoch keineswegs ausreichend
um die Richtigkeit der Angabe darzuthun; denn die Vergleichung
mit anderen Stellen des Gedichtes macht es wahrscheinlicher, dass
das Wort Pahlav wie in vielen anderen Stellen, so auch in den
bei dieser Gelegenheit angeführten Versen als ein Appellativum
aufzufassen sei. Wenn es z. B. anderswo von der Einholung eines heimkehrenden Helden heisst: „von Pahlav zu Pahlav bewill-
kommt man ihn" (vgl. Rückert, ZDMG. VIII. S. 315.), so ist
sofort klar, dass es in Érân der Pahlav's manche gab, und man
wird nicht irren, wenn man den Ursprung eines solchen appellativischen Gebrauchs noch zu Firdôsî's Zeit darauf zurückführt, dass
einst alle die Puncte, welche ihrer politischen oder militairischen
Wichtigkeit halber Statthaltern und Befehlshabern parthischer Nationalität unterstellt waren, alle ihre festen Burgen, alle Standquartiere ihrer Krieger, als solche durch den Namen der Nation
bezeichnet wurden. Jeder Punct dieser Art war gleichsam ein
Parthicum, ein Parthien im Kleinen. Die Zahl derselben muss
bei dem Umfange und der politischen Lage des Reichs nothwendig
eine grosse gewesen sein, wie es auch Ammian beschreibt, indem
er 23, 6, 4 erzählt, der Begründer des parthischen Reiches habe
Persien (d. h. sein Reich, nicht etwa die Provinz Persis) „civita-
tum et castrorum castellorumque munimentis" angefüllt und dasselbe gewöhnt, den vormals gefürchteten Anwohnern selbst Furcht
einzuflössen. Das sind jene Pahlav's, deren Name auch nach der
Zeit der parthischen Herschaft für die politisch und militairisch
wichtigen Plätze unverändert im Gebrauch blieb. In wenig ver-
änderter Form hat er sich sogar allem Anscheine nach bis auf den
heutigen Tag erhalten, wie aus einem vortrefflichen Reiseberichte
Sir Henry Rawlinson's im Journal of the R. Geogr. Soc. von
1839. S. 97 geschlossen werden darf. Rawlinson reiste im Früh-
jahr 1836 von den Ruinen der alten Susa in fast genau nördlicher
Richtung durch Luristân über Churram-âbâd nach Behistân hinauf.
Nach Übersteigung zweier grosser Bergketten erreichte er gleich
südlich von Churram-âbâd eine dritte, von WNW. nach OSO.
streichende, doppelte Kette, die eine der oberen Stufen jenes brei-

ten Grenzgebirges zwischen Medien und Chûzistân abschliesst und „*Kôhî haftâd pahlû*" genannt wird. Rawlinson deutete diesen Namen als einen „seventy-sided hill, to denote its infinite ramifications". So mag ihm die befremdliche Benennung an Ort und Stelle erklärt sein. Allerdings heisst pahlû im Persischen Seite; aber der siebenzigseitige Berg (oder das Gebirge solches Namens) muss doch als eine Ungeheuerlichkeit erscheinen, die nur auf einem Missverständnisse beruht. Pahlû ist in diesem Falle schwerlich etwas anderes, als eine jüngere, im Volksmunde entstellte Form für Pahlav, wie dieselbe einmal auch bei Jâqût I. 239, 6 der alten genaueren substituirt ist. Die Gebirgskette wird eben das Gebirg der siebenzig Burgen heissen. Mit der Zahl 70 darf es freilich hier so wenig genau genommen werden, wie mit ähnlichen runden Zahlen, die der Orientale liebt; schreibt doch Içtachrî, de Goeje p. 116, 11 sqq., bei Mordtmann S. 64, es gebe in der Provinz Fârs angeblich mehr als 5000 Burgen, theils isolirt im Gebirge, theils innerhalb von Städten oder in deren Nähe. Auch ist wohl sehr zu bezweifeln, dass noch Überreste einer grösseren Zahl von Burgen oder Castellen längs des Gebirges vorhanden seien, obgleich dies durchaus nicht unmöglich ist. Dass aber diese Gegend schon seit uralter Zeit eines starken militairischen Schutzes bedurfte und die Anlage zahlreicher Forts verlangen musste, ist unzweifelhaft; theils galt es, die Grenze gegen Angriffe aus dem Tieflande auch in den oberen Linien des Gebirgswalls zu decken, theils war das ganze Gebirge von jeher, wie noch heute, von kräftigen und unbändigen Stämmen bewohnt, die schwer im Gehorsam gegen die Herscher im medischen Oberlande zu erhalten und zur Tributzahlung zu zwingen waren. Dies entging auch Rawlinson nicht, den der Anblick des sehr festen Forts von Churram-âbâd, obgleich er dem jetzigen Bau kein hohes Alter beimisst, zu der Äusserung veranlasst, „the fort of Khorram-âbâd, from its peculiar position, must always have been a place of some consequence and formed probably from remote antiquity the abode of the ruler of these wild regions". So mag auch, vielleicht schon von den parthischen „rulers", eine Anzahl von Castellen auf den benachbarten Bergen errichtet sein, welche das Land nach allen Richtungen zu beherschen und gegen SW. zu schützen geeignet waren. — Für die Richtigkeit der vorgeschlagenen Deutung des Namens sprechen die localen Verhältnisse sehr

entschieden und sie verdient gewiss den Vorzug vor einer anderen,
ebenfalls möglichen, gegen welche die von Rawlinson mitgetheilte
auch zurückstehen müsste. Wie es nemlich oberhalb des Kôhî
haftâd pahlû eine andre, bei Nihâvand beginnende, von NW. nach
SO. streichende, lange Bergkette Namens Kôhî čihil nâ bâligân
giebt, d. h. Gebirg der 40 Unmündigen. augenscheinlich auf Grund
einer nicht näher bekannten Localsage, so könnte auch jenes andre
Gebirg das der siebenzig Helden benannt sein; womit dann
der Name des Passes Čihil Pahlavân, der vierzig Helden, in der
Nähe von Sabzavâr (bei J. B. Fraser, in Journ. of the R. Geogr.
Soc. vol. VIII. p. 312. f.) zu vergleichen wäre. Aber auch dann
wäre pahlû = pahlav, der Sinn des Worts jedoch ein andrer und
die Verwendung desselben ihrem Ursprunge nach nicht weiter
nachweisbar.

Die persischen Lexica gehen weiter, als im Vorhergehenden
nachzuweisen versucht ist, indem sie behaupten, nicht etwa dass
einzelne Städte (oder Burgen) appellativisch Pahlav's genannt wurden, sondern dass dieser Ausdruck mit dem gewöhnlicheren für
jede Stadt (schahr) gleichbedeutend sei. So auffallend dies auf
den ersten Blick erscheinen mag, wenn man sich die ursprüngliche
Bedeutung desselben gegenwärtig hält, darf man doch nicht über-
sehen, dass die Bevölkerung Erân's jederzeit eine vorherschend
ländliche war, die Verwaltung der Administrativbezirke aber naturgemäss in den Mittelpuncten des Verkehrs ihren Sitz hatte, welche
die verhältnissmässig wenig zahlreichen Städte bildeten; und so
konnte es allerdings wohl dahin kommen, dass jede Stadt Pahlav
genannt wurde, und nicht die Stadt allein, sondern auch in natür-
licher Folge der Anwendung des Wortes auf die Centralstätten der
Verwaltung, gleich dem arabischen Madîna. der auf diese ange-
wiesene grössere oder kleinere Bezirk, sei es eine Provinz, ein
Gau oder ein Kreis. So ist es denn auch anzusehen, wenn von
den Pahlav's ar-Raj, Hamadân, Ispahân u. s. w. die Rede ist. Sie
machen mit ihren Gebieten die Landschaften der Pahlavi's aus.
Wo sich die specielle Beziehung des Wortes auf irgend einen bestimmten Bezirk aus dem Zusammenhang oder auf andre Weise
von selbst ergab, bedurfte es auch nicht der ausdrücklichen Beifügung des Eigennamens des Bezirks-Hauptortes, und so dürften ein
paar Stellen bei Jâqût, bezüglich eines Bezirks in der Gegend
von Ispahân, ihre richtige Deutung finden. Jâqût sagt 1. 239,

Isbîd rustâq, d. i. das weisse Dorf, sei ein Bezirk (اسبيذ) des Gebietes (اعمال) von Qôhistân; er gehöre zu dem Bezirke Fahlû (oder
von Fahlû; so mit û ist an dieser Stelle gedruckt). In demselben
(d. h. wahrscheinlich: in dem zuletzt genannten Bezirke) gebe es
Städte und Dörfer (فهیّ ورساتنيق). Mit dem Namen Fahlû seien
nach Aussage Hamza's (von Ispahân) die Bezirke von Ispahân
gemeint. Hiernach erscheint Fahlû als ein grösserer, mehrere kleinere umfassender Bezirk, und zwar als der von Ispahân. In einer
zweiten Stelle, II. 152, sagt Jâqût: جوسف, von dessen Namen
ihm die Aussprache nicht näher bekannt sei, sei ein Bezirk des
Gebiets von Qôhistân, der zu den Bezirken von Fahlav (so ist
hier gedruckt) zu gehören scheine, und Fahlav seien die Bezirke
von Ispahân. Die Quelle, aus der die Notizen entlehnt sind, war
sich natürlich klar darüber, welcher Bezirk hier mit Fahlav gemeint sei, und eben so wenig hatte der Ispahâner Hamza Schwierigkeit die Bezeichnung richtig zu deuten. Unter Umständen bleibt
es unklar, in welchem Sinne das mehrdeutige Wort pahlav zu verstehen sei; so z. B. wenn es in dem Gespräche zwischen Isfen-
diâr und Rustam, Schâhn. Macan III. 1195, 17, Mohl IV. 632 v.
3261 heisst: توراز پيلوى (پيلو) (lies) خويش بشنيده ، بكفتار ايشان
، بكرويده. Mohl übersetzt: dans ton pays; es kann indessen
eben so gut als Burg oder Residenz aufgefasst werden.

Während das zusammenhängende, von dem parthischen Königshause unmittelbar regierte Gebiet allen Zeugnissen zufolge sich auf
Medien und die demselben einverleibten Nachbarlandschaften im
Westen, wie z. B. Mâsabadân, beschränkte, werden doch auch einzelne Pahlav's (Districts-Hauptorte mit ihrer Umgebung) ausser-
halb Mediens erwähnt. In diesem Sinne wird es auch mit den
vorhin erwähnten Notizen bei Th. Hyde seine Richtigkeit haben,
wonach Néschapûr in Chorâsân, oder auch eine neue Stadt neben
Néschapûr, als Pahlav's genannt waren; nicht Eigenname wird
dies gewesen sein, sondern Appellativ-Benennung für die Burg bei
der Stadt und für diese selbst. Ähnlich mochte es sich, wenigstens
in späterer Zeit, mit jenen Pahlav's an der indischen Grenze verhalten, welche die Lexica im Schâhnâme erwähnt fanden. Merkwürdig ist, dass das schon oben erwähnte Partava im nördlichsten
Theile Armeniens, in einer lehrreichen, aber bisher nicht ganz ver-

standenen Stelle in der Geschichte von Darôn des armenischen Schrift-
stellers Zenob von Glak (al. Klag, der dem ersten Drittel des
vierten Jahrhunderts angehören soll,) als ein Pahlav (im appella-
tiven Sinne) erwähnt wird, während der identische Eigenname des
Platzes wesentlich in der alten Form fortbestand. Diese Stelle
findet sich in der venetianischen Ausgabe jenes Werkes von 1832
S. 20 f. und lautet in der Übersetzung von Évariste Prud'homme,
Journ. Asiat. 1863. 6e. série. tom. 2, p. 426 s., mit welcher die in
der Collection des historiens de l'Arménie von Langlois T. II.
wesentlich übereinstimmt, folgendermaassen: „Sur ces entrefaites
un homme du nom d'Anag de la famille même des Arsacides pro-
posa au roi" (de Perse) „d'aller tuer Khosrov" (roi Arsacide d'Arménie) „à la condition qu'il lui donnerait à titre de récompense
Balhav de Bardav — bei Langlois: Pahl (Bahlav) de Parthie
(Bardav) —. La proposition ayant été agréée par le roi" (de
Perse) „le Parthe" (l'Arsacide Anag) „ne recula point devant le
meurtre de Khosrov. Il part donc, emmenant avec lui son frère,
sa femme et ses enfants, et s'en va trouver Khosrov, simulant
l'amitié et feignant d'être en fuite. Au bout de la seconde année
le roi manifesta le projet de faire une expédition en Perse. Un
jour qu'ils étaient à la chasse, Anag prit Khosrov à part, comme
s'il eût eu quelque chose à lui dire en secret; puis levant tout à
coup sur lui son épée il étendit le roi mort par terre. Ses con-
jurés périrent submergés dans les flots avec lui et tous les siens
avant d'avoir pu atteindre la Parthie. Quant au roi de Perse, il
érigea en fête le jour de la mort de Khosrov et donna Bardav —
bei Langlois: Pahl — aux membres survivants de la famille
d'Anag."

Zu der Erwähnung des "Balhav de Bardav" macht der Übersetzer die Anmerkung: „Par le mot de Balhav ou Bahlav il faut
entendre la ville de Pahla, capitale de la province du même nom
des Arabes et des Perses. Quant à l'expression Bardav, je n'hé-
site pas à y voir avec Mr. Patkanian (Essai d'une hist. de la
dynastie des Sassanides etc., en Russe, p. 23) la transcription du
mot Parthava des Inscriptions cunéiformes de l'ancienne Perse,
c'est-à-dire la Parthie qui formait avant Ardeschir le domaine par-
ticulier de la famille Sourên Bahlav." Und am Schlusse des Pas-
sus fügt er hinzu: „c'est-à-dire à Sourên, qui en était en Perse le
représentant unique."

Woher die Herren Patkanian und Prud'homme wissen,
dass die surénischen Pahlav's vor der Zeit Ardeschîr's (Bâbegân)
speciell im alten Parthien regierten, muss hier dahin gestellt bleiben. Der armenische Schriftsteller nennt aber so wenig ein „Pahlav in Parthien", als die Araber und Perser von einer Hauptstadt
Pahla in einer Provinz gleiches Namens sprechen, — welche dann
von den genannten Herren für das alte Parthien gehalten wird.
Augenscheinlich handelt es sich hier um einen Pahlav, d. h. um
einen Verwaltungsbezirk, dessen Centrum die Stadt *Partava* war, —
genau so geschrieben, wie früher angegeben wurde, — und die
damals dem arsacidischen Könige von Armenien gehörte. Um in
den Besitz dieser Landschaft, vermuthlich der ganzen Provinz Utia,
zu kommen, scheute sich der Arsacide Anag nicht, unter Zustim-
mung des mächtigen Nachbaren Ardeschîr Bâbegân (vgl. St. Martin Fragments d'une hist. des Arsacides I. 53. s. II. 286) seinen
Stammverwandten zu ermorden, und er erreichte mit dessen Bei-
hülfe zwar nicht für sich selbst, aber doch für seinen nächsten,
ihn überlebenden Verwandten, seinen Zweck. Aus dem Berichte
erkennt man, dass schon zur Zeit der Abfassung desselben das
Wort Pahlav den Sinn hatte, der ihm oben vindicirt wurde. Das
wesentliche Zusammenfallen des Eigennamens der Stadt und der
jüngern, jedoch wahrscheinlich noch aus der Zeit unmittelbarer
Herschaft der Grosskönige über einen Theil von Armenien stam-
menden Bezeichnung eines Verwaltungsdistricts als solchen ist
wahrscheinlich schon von dem Schriftsteller selbst nicht mehr erkannt worden; und überhaupt hat auch er bei der ihm überlieferten Nachricht an das alte Partherland gedacht, sonst würde er den
Mörder nach seiner That kaum nach Parthien (Parthev) haben
eilen lassen, der doch vermuthlich suchte, sich sofort des nahe liegenden Partava zu versichern. Der wahre Sachverhalt wird aber
dadurch nicht verdunkelt.

Ein unmittelbares Derivat von Pahlav ist bereits erwähnt worden: *Pahlavân*, (ursprünglich der parthische) Held, und in diesem
Sinne von weit häufigerem Gebrauche, als die dabei zum Grunde
liegende unvermehrte Form. Ungleich mannigfaltiger ist aber der
Gebrauch eines andern Derivats von Pahlav, nemlich des Wortes
Pahlavî, wofür im Schâhnâme als eine dem Dichter bequeme Ne-
benform auch *Pahlûi* vorkommt, verkürzt mit Rücksicht auf Reim
und Metrum aus Pahlûî (vgl. F. Rückert in der ZDMG. VIII.

S. 264 u. 293), und abgeleitet von der früher erwähnten jüngeren
Form Pahlû für Pahlav. Die nächste Bedeutung von Pahlavî
kann nach den vorstehenden Ausführungen nur sein: parthisch,
auf Parther oder auf deren Land bezüglich. Am deutlichsten ist
diese Beziehung auf die Parther, wenn arabische Schriftsteller, wie
Mas'ûdî und Schîrawaihi, von den بلاد الفهلويين sprechen, den
Gebieten der Parthischen (Männer oder Herscher), im vormaligen
Medien; was einer weiteren Erörterung nicht bedarf.

An die aus der kriegerischen Tüchtigkeit der parthischen Nation abgeleitete Bedeutung von Pahlav (= Pahlavân) Held, schliesst
sich der Gebrauch von Pahlavî in dem Sinne von stark an, wie
in der Verbindung بازو پهلوی (wie zu schreiben ist statt بازوی),
Schâhn. T. Macan II. p. 707 lin. 8; bei Mohl fehlt der Vers.

Minder klar liegt die Beziehung auf die Parther vor bei der
Anwendung des Wortes auf Schrift und Sprache. Zwischen
beiden hat man aber wohl zu unterscheiden. Was zuvörderst die
Pahlavî-Schrift betrifft, so ist uns unter diesem Namen zuerst von
Indien her durch Anquetil Duperron jene Cursivschrift bekannt
geworden, in der die schwerverständlichen ältesten Übersetzungen
des Avesta und andere Bücher geschrieben sind, die sich auf die
zoroastrische Religion beziehen. Über das 12te Jahrhundert reicht
das Alter der ältesten bekannt gewordenen Handschriften in Pahlavî-Schrift schwerlich hinaus. Dieselbe nimmt sich, wenn sorg-
fältig behandelt, recht zierlich aus, ist aber nichtsdestoweniger von
geringer Brauchbarkeit, da vielfältig ganz verschiedene Laute mit
gleichen Zeichen ausgedrückt werden und überdies die grosse Zahl
der Ligaturen eine Verwirrung erzeugt, die in sehr vielen Fällen
eine sichere Deutung unmöglich macht. Diese schlimmen Eigen-
thümlichkeiten haben sich aber erst bei allmählicher Umgestaltung
eines älteren Schriftcharakters entwickelt, welcher von der alt-ara-
maeischen Schrift abgeleitet, nach den scharfsinnigen Untersuchungen des verstorbenen M. A. Levy, ZDMG. XXI., besonders S. 459 f.,
schon in sehr früher Zeit nach dem Osten vordrang und demnächst
in Érân in zwei verschiedenen, ' aber nahe verwandten Formen im
Gebrauch war. An eine dieser Formen schliesst sich dann endlich jene jüngere Cursivschrift an, welche wir durch die Parsen in
Indien kennen lernten. Auf den Münzen lässt sich der Übergang
in den Cursivcharakter deutlich verfolgen. Derselbe beginnt schon

mehr als hundert Jahre vor dem Sturze der Sâsâniden und die
schönsten Muster der Schrift zeigen die Münzen von Tabaristân
vom Beginne des zweiten Jahrhdts der Hig'ra an. Für das Auge
gefälliger ist die neue Schrift geworden, aber deutlicher war die
ältere Form, in der Ligaturen nicht vorkamen und nur wenige
Zeichen für verschiedene Laute nach und nach einander so ähnlich
geworden waren, dass Verwechselungen daraus hervorgehen konnten.
Man hat sich gewöhnt, seit der Entzifferung sâsânidischer Stein-
und Münz-Inschriften durch Silvestre de Sacy auch die älteren,
nach Êrân verpflanzten Formen aramaeischen Ursprungs Pahlavî-
Schrift zu nennen; insofern mit Recht, als sie und die jüngere
Form nur verschiedene Entwickelungsstadien einer und derselben
Schriftart repräsentiren. Es ist aller Grund vorhanden anzunehmen, dass die neuere, in den Büchern der Parsen vorhandene Cursivschrift Jahrhunderte lang die einzige in Êrân gebräuchliche
Schrift war und den Namen Pahlavî führte, und dass eben sie gemeint ist, wenn es im Schâhnâme von der Zeit Chusro Anûschir-
vân's, heisst: ان زمان خط باجز پیلوی نبد „es gab dazumal (in
Êrân) keine Schrift als Pahlavî"; s. Schâhn., ed. Macan, IV. 1750,
11; ed. Mohl, VI. p. 454 v. 3549; Vullers, Chrestom. Schahn.,

p. 84 v. 228.   Und ebenso kann jenes نامهٔ پیلوی, Pahlavîbuch,
die Sagensammlung, die Firdôsî seinem grossen Werke zum Grunde
legte (bei Macan I. 8, 4; ed. Mohl T. I. p. 20; ed. Vullers
I. p. 10), nur in dieser Schrift geschrieben gewesen sein; womit
natürlich nicht geleugnet wird, dass dem Worte Pahlavî zu Firdôsî's
Zeit schon eine ungleich weitere Bedeutung zukam, als ihm von
Anfang an gebührte, worüber nachher mehr zu sagen ist. Hier
ist zunächst die Frage zu beantworten, wie jene aramaeische Schrift
Pahlavî-Schrift genannt werden konnte, wenn Pahlavî s. v. a. Parthisch ist.

Sicherlich haben die Parther die aramaeische Schrift nicht aus
ihrer alten Heimat mitgebracht, wohl aber im westlichen Êrân
schon vorgefunden, als sie bis dahin vordrangen. Denn es ist
nicht mehr zweifelhaft, dass dieselbe um jene Zeit bereits aus dem
semitischen Tieflande auf das êranische Hochland vorgerückt war.
Wir besitzen eine ganze Reihe von Münzen mit aramaeischen
Schriftzügen, welche der Persis angehören und an die Zeit der
Diadochen hinan reichen. Darüber muss es hier genügen auf die

lehrreiche Abhandlung des verstorbenen Levy in der ZDMG. Bd.
XXI. und auf die von Mordtmann in v. Sallet's Zeitschr. f.
Numismatik Bd. IV. Heft 1. 2. zu verweisen. Der Verkehr Persiens mit Susa und dem ganzen benachbarten Gebiete am untern
Euphrat und Tigris erklärt die Erscheinung vollkommen. Nichts
deutet darauf hin, dass in jener cränischen Landschaft von der
Zeit der Achaemeniden her schon irgend eine andre Schrift bekannt
war, als die wohl für monumentale Zwecke, aber nicht für den
täglichen Verkehr des Volkes geeignete persische Keilschrift. Fehlte
aber eine solche, so musste die von Westen her mitgetheilte einem
fühlbaren Mangel abhelfen und bereitwillig Eingang finden.

Dieses Eindringen aramaeischer Schrift in die Landschaft
Persien macht freilich noch nicht erklärlich, weshalb sie demnächst
unter dem Namen Pahlavì, d. h. der parthischen, auftritt. Ohne
Zweifel aber wirkten dieselben Ursachen im Nordwesten Erâns
ebenso, wie im Süden. In Medien wird die aramaeische Schrift,
als die Parther bis an und bis in das Tiefland vordrangen, —
gleich nach der Mitte des zweiten vorchristlichen Jahrhdts, —
längst bekannt und auch im Gebrauch gewesen sein. Sie kam
vermuthlich von Babylon her, durch das Thal des Gyndes und die
Pforte des Zagrus, in das Hochland hinauf, und als die Parther
sich an den grossen Strömen Babyloniens festgesetzt hatten und
ihre Herscher dort sogar ihre Winterresidenz aufschlugen, mussten
sie mit der einheimischen Bevölkerung nothwendig in täglichen
Verkehr treten und mit dem Gebrauche der vorgefundenen Schrift
völlig vertraut werden. Zum officiellen Gebrauche auf den Münzen der Parther wurde sie jedoch erst spät, in den letzten Zeiten
der Arsaciden-Herschaft, verwendet. Denn die Münzschrift der
Parther war bekanntlich vom Anfang an die griechische; weshalb,
möchte nicht schwer zu erkennen sein.

Als die Parther ihre Macht begründeten und mehr und mehr
ausdehnten, machten die in den erânischen Städten zahlreich angesiedelten Macedonier und Hellenen einen wichtigen Theil der
unterworfenen Bevölkerung aus. Sie waren kriegserfahren und an
Bildung den Erâniern überlegen. Die Parther durften darum ihre
Kraft nicht gering schätzen und konnten sich ihre Bildung zu
Nutze machen, hatten also allen Grund ihre Freundschaft zu suchen. Ihrer Kunstfertigkeit vertrauten sie die Münzprägung an
und liessen sich in den Aufschriften mit Ostentation als Philhel-

lenen bezeichnen. Allmählich jedoch gingen die macedonisch-hel-
lenischen Colonien zu Grunde und mit ihnen die griechische Kunst
in Érân. Die Überreste der Fremden gingen in die érânische Nationalität auf und die alten Münzen mit griechischer Legende be-
kamen immer mehr ein barbarisches Ansehen, die Kenntniss der
Sprache, ja des Werthes und der Gestalt der Schriftzüge, ver-
schwand vollständig. Doch erst die letzten arsacidischen Grosskönige fanden es nöthig oder gerathen, die Münzen mit einer allgemein lesbaren Inschrift neben der alten entstellten zu versehen.
Eine solche war die aramaeische und sie allein. Sich etwa der
jenseit des indischen Kaukasus üblichen kabulischen Schrift zu bedienen, die von dortigen griechischen Herschern schon vor langer
Zeit bei der Münzprägung verwendet war, lag ganz fern; schwerlich hat diese Schrift jemals Verbreitung in Érân gefunden. Ganz
natürlich dagegen war es, dem Beispiele zu folgen, das die Beherscher der Landschaft Persis längst gegeben hatten, indem sie sich
auf ihren Münzen aramaeischer Schrift bedienten, und zwar um
so mehr, da diese Provinzial-Münzen zum Theil schon das Bildniss
des arsacidischen Grosskönigs neben dem des persischen Unterkö-
nigs zeigten; vgl. Levy, ZDMG. XXI. S. 450.

Der Typus der aramaeischen Schrift, die wir auf den Münzen
der letzten Arsaciden, z. B. auf verschiedenen mit dem Königsnamen Volagases bezeichneten, deutlich lesen, ist freilich nicht durchaus derselbe, wie der auf den persischen Münzen, diesem jedoch
nahe verwandt. Es ist aller Grund vorhanden, den Typus der
Arsaciden-Münzen als den im oberen Babylonien, zumal in der
Residenzstadt Ktesiphon, üblichen anzusehen, dessen man sich auch
in Medien bedient haben wird, während der persische einstweilen
auf den Süden beschränkt blieb. Dies Verhältniss änderte sich
indessen, als die Arsaciden gestürzt wurden und die persischen Sâsâniden ihnen als Grosskönige folgten. Dass aber wenigstens noch
unter den ersten Sâsâniden beide Varietäten der aramaeischen
Schrift, die medische, — wenn man die arsacidische so nennen
darf, — und die persische, neben einander im Gebrauche waren,
das zeigen deutlich die Inschriften des Königs Schâhpûr I., die
sich in der Umgegend von Persepolis erhalten haben. Die erste
nennt Levy West-Pahlavi, die zweite Ost-Pahlavi, andere, wie
z. B. Thomas und Haug, nennen jene Chaldaeo-Pahlavi, diese
Sâsânisches Pahlavi. Am treffendsten würde man wohl sagen:

Pahlavî, Partherschrift, d. h. die in Medien übliche, und Pârsî, d. h. die in Persien schon vor der Zeit der Sâsâniden gebrauchte (aramaeische) Schrift. Doch ist der letzte Name nie auf diese Schrift wirklich angewendet worden, sondern im Gegentheil nur der erste in Geltung geblieben, obgleich die Sâsâniden auf ihren Münzen sich nur der persischen Varietät bedienen, die sich dann nach und nach so modificirt, dass schliesslich die an Ligaturen reiche Cursivschrift daraus wird. Man kann es wohl nur der bedeutend grösseren Verbreitung zuschreiben, welche die medische Varietät gewonnen hatte, dass dennoch der ganzen Schriftgattung der Name Pahlavî, Partherschrift, geblieben ist. Ob man diesen Namen unmittelbar auf die Nation oder vielmehr auf das nach ihr benannte medische Hauptland beziehen will, ändert an der Hauptsache nichts: Pahlavî bleibt immer s. v. a. parthisch.

In späteren Jahrhunderten freilich, als auch die Sâsâniden vergangen und die Araber Herren von Érân geworden waren, war die Erinnerung an den ursprünglichen Sinn völlig verschwunden, und wie alles übrige, das aus der Zeit vor dem Islam stammte, so wurde auch jede ältere Schrift in Érân Pahlavî genannt, lediglich in dem Sinne von alt-persisch; vgl. de Lagarde, GGA. 1870. S. 1445. 1450. Nur die Parsen, die der zoroastrischen Lehre treu blieben, zumal die in Indien, haben den Namen Pahlavî, allerdings ebenfalls ohne dessen Ursprung zu kennen, lediglich für die aramaeische Schrift in der Entwickelung zur Zeit der letzten Sâsâniden beibehalten und unterscheiden davon namentlich auch die daraus abgeleitete Schriftart, die für die alten baktrischen heiligen Schriften verwendet wird. — Welcher Art die Pahlavî-Charaktere an einem Monument in Mâsanderân seien, von denen Dorn, Caspia S. 266 ff., handelt, wird sich erst bei Veröffentlichung der Inschrift beurtheilen lassen.

In engem Zusammenhange mit der Frage nach dem Ursprunge des Namens Pahlavî-Schrift steht die andre nach der Berechtigung irgend einer vormals in Érân geredeten Sprache den Namen Pahlavî beizulegen. Um diese Frage zu beantworten ist zunächst festzustellen, welche Sprachdenkmäler uns ausdrücklich unter dieser Benennung überliefert sind. Dies ist vor allem der Fall mit den in Pahlavî-Schrift jüngster Gestalt vorliegenden Übersetzungen der alten zoroastrischen Religionsurkunden und anderen mehr oder weniger damit in Zusammenhang stehenden Schriften. Die Parsen

in Indien belegen die eigenthümliche Sprache, die sich in diesen
Büchern findet, nicht minder als den Schriftcharakter, in welchem
sie aufgezeichnet sind, mit dem Namen Pahlavî. Ist aber, wie
schon bemerkt wurde, die Schrift äusserst schwer zu lesen, vielfältig einer sichern Deutung gar nicht fähig, so wirkt das natürlich auch auf die Erkenntniss der Sprache nachtheilig ein, um so
mehr, da auch die mündliche Tradition in Betreff der Lesung er-
weislich seit vielen Jahrhunderten höchst unzuverlässig geworden
und überaus häufig unrichtig ist. Die Sprache, wie sie vorliegt,
hat ein wunderliches Aussehen und erscheint als ein Gemisch éränischen und semitischen Sprachguts, dem vielleicht auch noch andere fremdartige Elemente beigemengt sind. Da sich Aussprache
und Formenbildung oft ebensowenig sicher erkennen lassen, als
die Bedeutung der Wörter, ist es ganz begreiflich, dass in Bezug
auf die Natur und den Ursprung der in so unvollkommener Gestalt überlieferten Sprache zur Zeit noch manches dunkel bleibt.
Vor allem ist es das Verhältniss der zahlreichen semitischen Elemente, die in den Schriftstücken deutlich erkennbar sind — und
unter denen im Grunde nur die in weit überwiegender Zahl vorkommenden echt aramaeischen Wörter in Betracht kommen, —
zu den übrigen Bestandtheilen, welches bis jetzt unklar ist. Die
Frage ist: bilden diese semitischen Elemente wirklich einen we-
sentlichen Theil der Sprache, wenn auch nur als einverleibtes
Lehngut? oder sind sie als nur der Schrift eigne, ideographische
Zeichen anzusehen, die nicht so gesprochen, wie geschrieben wurden, an deren Stelle man Wörter einer andern Sprache las, die
dann wohl nur eine érânische sein konnte? Die letzte Frage würde
man angesichts einer Buchstabenschrift, wie die aramaeische ist,
wohl kaum aufgeworfen haben, wenn wir nicht aus arabischer
Quelle auf die unzweideutigste Weise Kunde davon erhalten hätten, dass ebendie Schrift, worin die Parsenbücher geschrieben sind,
schon im zehnten oder, da die Nachricht anscheinend von Ibn
Almuqaffa' herrührt, schon im achten Jahrhundert in der That so
gelesen wurde, dass man die darin vorkommenden semitischen
Wörter durch die entsprechenden persischen ersetzte; s. den Fih-
rist S. 14. Auch in den Parsen-Büchern finden sich merkwürdige
Anzeichen von der Absicht, die Umwandlung der aramaeischen
Wörter in érânische zu erleichtern und zu regeln, und die sog.
Pahlavî-Glossare scheinen vorzugsweise die Bestimmung zu haben,

in dieser Beziehung als Leitfaden beim Lesen zu dienen. Im Fihrist wird das Verfahren beim Lesen mit dem Ausdruck Zawâraschn oder Zawârasch bezeichnet, wofür anderswo, nemlich bei den Parsen in Indien, auch die Formen uzwârasch oder huzwârasch vorkommen, die dann später auch für einen andern und genaueren Namen der Pahlavì-Sprache gehalten wurden. Konnte man es nun nicht von Anfang an mit dem Lesen ebenso gehalten haben? Das wäre freilich sehr seltsam gewesen, da man ja damals ebensogut wie später die Wörter einer érânischen Sprache in aramaeischer Schrift hätte ausdrücken können.

Betrachtet man die érânischen Münz- und Steininschriften, welche einen älteren Typus der aramaeischen Schrift aufweisen, so ergiebt sich, dass eine Mischung semitischen und érânischen Sprachguts sehr alt ist. Freilich wo man auf den älteren Münzen neben dem Namen des Herschers in aramaeischer Schrift nichts weiter liest, als das Wort *malkâ*, der König, liegt es nahe anzunehmen, dass hier nur beabsichtigt war, den Titel des Münzherrn ebenso in aramaeischer Sprache auszudrücken, wie derselbe von Anfang der Arsaciden-Herschaft an auf den Münzen in griechischer Sprache wiedergegeben war. Die Sache ändert sich jedoch, sobald Münzen erscheinen, die statt des einfachen *malkâ* den vollen Titel des érânischen Grosskönigs *malkân malkâ*, regum rex, aufweisen; eine Fassung, welche nicht mehr richtiges Aramaeisch darstellt. Die Pluralbildung auf -*ân* ist beim Masculinum dem Aramaeischen fremd und die Art der Verbindung des abhängigen Plurals mit dem nachfolgenden Singular in semitischer Sprache unzulässig. Letzteres gilt auch von einer zweiten Fassung des Titels, die z. B. in der sogenannten Chaldaeo- oder West-Pahlavì-Inschrift von *Hâjî Âbâd* erscheint, nemlich *malkîn malkâ*, wo wenigstens die aramaeische Pluralendung -*în* beibehalten ist, welche aber in ebendieser Inschrift auch für den Plural eines unzweifelhaft érânischen Wortes verwendet wird.

Abgesehen von diesen Titeln érânischer Herscher finden sich auf persischen Münzen aus der Zeit der arsacidischen Oberherrlichkeit noch andere Aufschriften, die füglich als rein aramaeischer Sprache angehörend betrachtet werden dürfen, sehr bald aber auch solche, in denen érânische Ausdrücke vorkommen. In ausgedehntem Maasse sind beide Elemente schon in den Steininschriften der älteren Sâsâniden gemischt; allein während die aramaeischen an

Zahl überwiegen, deuten andre Momente nach der Ansicht mehrerer
Forscher auf den arischen Charakter der Sprache dieser Inschriften hin. Andrer Meinung ist jedoch Westergaard, der überhaupt
in allen officiellen Inschriften der Sâsâniden auf Münzen und Stein
keine éränische Sprache, sondern nur semitische anerkennt, in
zwei nahe verwandten Dialecten und mit einiger Einmischung
persischer Wörter; s. Zendavesta 1. Preface p. 19. Die in den
Parsenbüchern enthaltene Sprache dagegen hält derselbe Gelehrte
für éränisch, speciell für persisch.

Die so überaus dunkle Sache möchte noch nicht spruchreif
sein, bis zu einem gewissen Grade geben jedoch einige Notizen
Licht, die im Fihrist p. 13 als von Ibn al-Muqaffa' herrührend bezeichnet werden. Ibn al-Muqaffa' zählt fünf Sprachen der Perser
auf, Pahlavî, Derî, Fârsî, Chûzî und Surjânî. Aus der Erwähnung
des letzteren, d. h. des Syrischen, folgt, wie de Lagarde mit
Recht bemerkt, dass die Notiz aus einer Zeit stammt, in welcher
noch aramaeisch redende Landstriche dem Scepter des Grosskönigs
unterworfen waren. Die Sprachen der „Perser" sind die innerhalb
des persischen, nemlich wie man annehmen darf, des sâsânidischen
Reiches gesprochenen Sprachen. Das Syrische, heisst es weiter
bei Ibn al-Muqaffa', sei die Sprache der Bewohner des Sawâd,
d. i. des babylonischen Tieflandes; der schriftliche Verkehr aber
finde hier statt in einer Art Sprache, in welcher dem Syrischen
Persisches beigemischt sei. Denn nur so kann der vermuthlich
lückenhafte Satz verstanden werden: والمكاتبة من نوع فى اللغة
بالسريانى فارسى. Dass hier von dem schriftlichen Verkehr des
Tieflandes mit dem Hochlande von Êrân die Rede sei, ergiebt
sich von selbst und es kann wohl nicht bezweifelt werden, dass
mit jener „Art Sprache" ebendie gemeint sei, die wir in der Zeit
der Sâsâniden auf Münzen und Denkmälern vorfinden.

Demnächst folgen im Fihrist Notizen von Ibn al-Muqaffa'
über die verschiedenen Schriftarten, die bei den Persern gebräuch-
lich seien oder vormals gewesen seien. Darunter wird die
كتابة الرسائل, die Geschäftsschrift, aufgeführt, von der er sagt,
sie diene zum Theil zum Schreiben der älteren syrischen Sprache,
welche die Bewohner Babels redeten, und werde persisch gelesen.
Es kann kaum etwas anderes gemeint sein, als dass man die
Wörter einer gewissen semitischen Sprache schrieb und sie beim

Lesen mit eränischen vertauschte, da der Bau beider Classen von Sprachen so wesentlich verschieden ist.

Fasst man diese Notizen zusammen, so ergiebt sich das höchst wahrscheinliche Resultat, dass man sich bei dem Verkehr des Tieflandes mit dem eränischen Hochlande der ursprünglich aramaeischen, sogenannten Pahlavî-Schrift bediente und sich bei der Grundverschiedenheit der Sprachen beider Gebiete in der Art zu verständigen suchte, dass man vorzugsweise aramaeische Wörter schrieb, deren Bedeutung dem eränischen Leser allerdings hinreichend bekannt sein musste, zugleich aber sich dem eränischen Satzbau einigermaassen anschloss und gewisse Kunstgriffe anwandte, um dem Eränier das grammatische Verständniss zu erleichtern.

Diese Art sich schriftlich zu verständigen eine Sprache zu nennen, erscheint unzulässig; nur wenn sich der Inhalt des schriftlichen Gemisches auch sprechen liess, ohne entweder aramaeisch oder eränisch zu sein, hätte jene Benennung einige Berechtigung, d. h. es würde damit ein Jargon seltner Art beehrt. Den Aeusserungen Ibn al-Muqaffa's gegenüber kann aber von dem mündlichen Gebrauche eines solchen schwerlich die Rede sein; kurz gesagt: im Unterlande sprach man dasjenige aramaeisch, was im Hochlande eränisch gesprochen wurde, und eine in dieser Art gemischte Pahlavî-Sprache hat es nie gegeben. Natürlich kann denn auch bei einem nicht gesprochenen und nicht zum Sprechen bestimmten Verständigungsmittel von einer Grammatik im eigentlichen Sinne nicht die Rede sein, sondern lediglich von dem Schlüssel zu der richtigen Lesung einer ihrem Wesen nach ideographischen Schrift in zwei grundverschiedenen Sprachen, deren Grammatik unverändert bleibt. Wie die Schwierigkeit überwunden werden konnte, die aus der Verschiedenheit des Satzbaues in den beiden Sprachen nothwendig hervorgehen musste, bleibt freilich für jetzt noch und so lange nicht ausgedehntere Inschriften in Vertrauen erweckender Weise veröffentlicht werden, ein Räthsel. Im Übrigen hätte das Verfahren, welches hier bei der schriftlichen Verständigung zwischen zwei Völkern mit heterogenen Sprachen angewendet wurde, eine merkwürdige Ähnlichkeit mit der Behandlung, welche Bestandtheile der älteren Schrift einer nicht-semitischen Bevölkerung durch die semitischen Assyrier erfuhren, zu einer Zeit, wo diese noch nicht im Besitz einer Schrift waren. Sie nahmen die Schriftzüge jener als ideographische Zeichen auf, die sie mit den ihrer eigenen Sprache entsprechenden Lauten lasen. Dass in dem jetzt vorliegenden Falle von Assyrien aus ein directer Einfluss geübt worden sei, lässt sich nicht nachweisen, ist aber nicht ganz undenkbar, da wir jetzt durch einige, von G. Smith entdeckte datierte Privaturkunden, von denen er in seinen Assyrian discoveries p. 389. f. handelt, in vollkommen glaubwürdiger Weise belehrt sind, dass in Babylonien die Keilschrift noch am Ausgange des zweiten vorchristlichen Jahrhunderts im Gebrauche war. Doch liegt immer ein wesentlicher Unterschied zwischen beiden ähnlichen Erscheinungen darin, dass in Babylonien neben der Keilschrift auch die aramaeische Lautschrift längst Eingang gefunden hatte; eine Schrift also, die ohne grosse Unbequemlichkeit direct zum Schreiben érânischer Laute verwendet werden konnte; und grade diese hat man ja gewählt, um ihre Schriftzüge bloss als ideographische Zeichen zu benutzen.

Sollte das hier Gesagte richtig sein, so würde es sich immer nur auf die älteren Münz- und Steininschriften beziehen, nicht auf die Sprache der Parsenbücher. In diesen finden sich zwar bekanntlich ebenfalls semitische Wörter in grosser Zahl, allein sie werden beim Lesen fast durchweg durch érânische ersetzt und erscheinen höchstens als Lehngut, das den Character der Sprache als einer érânischen nicht verändert. Diese Sprache, der die semitischen Wörter durchaus nicht als nothwendiger Bestandtheil angehören, mag denn auch Pahlavî-Sprache heissen und ist einer grammatischen Analyse fähig. Für die ausreichende Herstellung einer solchen erscheint das uns bekannte Material vielleicht noch etwas zu dürftig; sie wird aber eine Sprache erkennen lassen, die um ein Geringes alterthümlicher ist, als das Neupersische, und sich wesentlich mit derjenigen Sprachform deckt, die Spiegel in seiner Pârsi-Grammatik behandelt hat, wie Westergaard schon vor Jahren aussprach; s. Vorrede zum Zend-Av. p. XX. not. 2.

Zu den Seltsamkeiten, welche die Untersuchung über diesen Gegenstand aufweist, gehört natürlich auch dies, dass die Parsen den aus den vormaligen Verkehrsverhältnissen Érâns erklärlichen Gebrauch semitischer Wörter in der Schrift nicht lieber ganz aufgegeben haben, statt sie bloss beim Lesen mit érânischen zu vertauschen. Man hat vermuthet, es sei damit bezweckt worden, den Inhalt ihrer Bücher dem allgemeinen Verständnisse aus irgend einem Grunde zu entziehen; doch leuchtet die Richtigkeit einer solchen

Annahme nicht sonderlich ein und das eingeschlagene Verfahren
hat wesentlich nur die Folge gehabt, den Parsen selbst das ohnehin vermöge der Unvollkommenheit der Schrift nicht leichte Verständniss des Inhalts noch mehr zu erschweren. Es möchte näher
liegen, darin lediglich ein wenn auch nicht verständiges, so doch
begreifliches Streben nach Erhaltung einer durch ihr Alter gehei-
ligten Sitte zu erblicken.

Die Pahlavî-Sprache, von der Içtachrî, de Goeje 137, 19, bei
Mordtmann S. 70, und Ibn Hauqal, de Goeje p. 205, 9 f., sprechen, ist ohne Zweifel dieselbe, wie die der Parsenbücher; sie
wurde von den Magiern, d. i. von den Anhängern der zoroastrischen Lehre, in Büchern und schriftlichen Mittheilungen andrer Art
gebraucht und bedurfte der Erklärung durch das Persische. Sie
wird also auch in gleicher Weise an einem Überflusse semitischer
Wörter gelitten haben.

Es könnte leicht scheinen, als ob der Name Pahlavî nur von
der Pahlavî-Schrift auf die Sprache der damit geschriebenen Bücher
der Parsen übertragen sei. Unmöglich ist dies gewiss nicht; doch
überblicken wir vorerst was wir durch Ibn al-Muqaffa' und andre
arabische und persische Schriftsteller von der Pahlavî-Sprache erfahren.

Ibn al-Muqaffa' zählt, wie oben bemerkt wurde, fünf Sprachen auf, die in der persischen Monarchie geredet wurden. Ebenso, vermuthlich in Abhängigkeit von ihm, Mas'ûdî bei Jâqût, im
Mu'gam al-buldân III. p. 925 und Marâçid al-ittilâ' II. p. 369, an
welchen beiden Stellen aber statt seiner irrthümlich Hamza von
Ispahân genannt wird. Mas'ûdî bezeichnet jene Sprachen, als
solche, die vor Alters von den Persern geredet wurden. Von den
fünf Sprachen gehören zwei unzweifelhaft dem Tieflande an, die
syrische und das Chûzî, die Sprache von Chûzistân, über deren
Charakter wir nicht weiter unterrichtet sind, als durch die Aeusse-
rung Içtachrî's, de Goeje p. 91, 10 f., und Ibn Hauqal's (ed. de
Goeje, p. 173, 20 sq.), dieselbe sei weder hebräisch, noch syrisch,
noch persisch; was denn ungefähr dasselbe sagt, wie sie sei weder
semitisch, noch éranisch; also muthmaasslich anarisch, um nicht
den Ausdruck tûrânisch zu gebrauchen, dessen Berechtigung sehr
zweifelhaft ist. Doch ist es nicht unmöglich, dass er eben jene
„Art Sprache" im Auge hat, von der Ibn al-Muqaffa' sprach,
während es sich doch nur um eine Schrift handelte. Sieht man

vorläufig von dem Derî ab, welches für die Sprache in Madâin,
der Residenz (der Grosskönige), erklärt wird, deren man sich am
Hofe bediente, so bleiben für das erânische Hochland das Pahlavî
und das Fârsî übrig. Jenes wird für die Sprache von Fahla
(Pahlav) erklärt, welches Ispahân, ar-Raj, Hamadân, Mâh Nihâvand und Âderbeigân befasse, also ganz Medien; dieses für die
Sprache von Fârs und der Môbéd's. Beide sind somit Landes-
sprachen in Provinzen von grossem Umfange; sie stehen sich
deutlich als Sprache des Nordens und des Südens von West-Erân
gegenüber.

Vom Pahlavî heisst es noch (bei Jâqût), die Könige hätten
sich desselben in ihren مجالس, d. i. wohl in ihren officiellen
Sitzungen, Audienzen u. s. w., bedient, während das Chûzî (sowohl im Fihrist, als bei Jâqût), als die vertrauliche Umgangssprache der Könige und der Edeln bezeichnet wird· Das Pahlavî
erscheint hiernach als die officielle Sprache des Reichs, was nicht
auffallen kann, soweit die Zeit der Arsaciden in Betracht kommt,
aber auch für die frühere Zeit der Sâsâniden Gültigkeit gehabt
haben mag, indem sie zunächst in die Stellung der Arsaciden ein-
traten und weder Veranlassung, noch auch, wie man glauben darf,
die Möglichkeit vorlag, in den administrativen Einrichtungen so
eingreifende Veränderungen vorzunehmen, wie die Ersetzung der
bisherigen officiellen Sprache durch eine andre. Dass neben der
officiellen Sprache den Herschern und den regierenden Classen
überhaupt noch eine andre geläufig war, ist an sich nicht auffallend; eher freilich, dass dies grade die uns unbekannte Sprache
von Chûzistân gewesen sein soll. Wie es damit zusammenhängt
und auf welche Zeit die Angabe zu beziehen sein mag, muss dahin gestellt bleiben und ist für den Gegenstand, um den es sich
hier handelt, gleichgültig. Doch darf nicht unbemerkt bleiben, dass
eine nahe Verwandtschaft des Chûzî mit anarischen Sprachen, die
in Erân üblich gewesen, für höchst wahrscheinlich gehalten werden muss.

Dasselbe lässt sich aber nicht sagen, wenn in den angeführten
Quellen weiter gesagt wird, den Hauptbestandtheil des Derî, also
der Sprache der Residenz und des Hofes, bilde eine Sprache, die
dem Osten Erâns angehöre. Obgleich einer und derselben Quelle
entstammend, stimmen doch die Notizen im Fihrist, im Mu'gam und
in dem Buche Marâçid, in der Fassung nicht ganz überein; nur

der Einfluss einer Sprache aus dem Osten und insbesondere der von Balch auf die Bildung des Derî tritt klar hervor. Die That-sache darf auch als durchaus glaubwürdig angesehen werden und erklärt sich dann, und nur dann, vollkommen, wenn dieses wesent-liche Element der Sprache durch die Begründer der Residenz in Ktesiphon, einem Theile des nachmaligen Madâin, nemlich durch die Arsaciden, dorthin gebracht wurde und sich bleibend daselbst erhielt. Offenbar liegt die Annahme nahe, dass die in der parthi-schen Colonie und Residenz übliche Sprache, von denjenigen, die sie so weit nach dem Westen verpflanzt hatten, auch den Namen erhielt, — dass sie die Pahlavî-Sprache genannt wurde.

Da hiernach in der dem Ibn al-Muqaffa' entlehnten Notiz neben der officiellen und der vertraulichen Umgangssprache persi-scher Herscher auffallender Weise noch eine besondre Sprache zum Vorschein kommt, die am Hofe gesprochen wurde und davon so-gar ihren Namen erhielt, wird es rathsam sein, noch andere Zeu-gen über die Sprachen des alten Persien oder vielmehr Êrâns zu vernehmen. Ein solcher ist der gelehrte, im erânischen Alterthum mehr als gewöhnlich bewanderte Verfasser des Farhangi Gahângîrî, Mîr Gamâl-addîn Husein Angûî, der zwar erst um das Jahr 1600 schrieb, aber meist aus guten Quellen schöpfte. Ihm zu Folge hatte die persische — wir dürfen wohl sagen „erânische" — Sprache sieben Dialecte, von denen vier, die von Herât. Sigistân, Sogd und Zâbulistân, als jetzt aufgegeben bezeichnet werden, so-dass man darin nicht mehr Bücher und Briefe schreibt, noch Ge-dichte macht. wie in den drei anderen, dem Pârsî. Derî und Pah-lavî. Diese letzte Bemerkung möchte wohl den Quellen angehören und nicht auf des Lexicographen eigne Zeit zu beziehen sein. Für den Namen des Dialects oder der Sprache Pahlavî giebt er verschiedene Erklärungen an, die ihm bekannt geworden seien; darunter die als Sprache von Pahla, d. h. Raj, Ispahân und Dînavar, und die als städtische Sprache, von Pahlav in dem Sinne von Stadt. Auch für das Derî sind ihm mehrere Erklärungen bekannt. Eine der-selben berücksichtigt die Abstammung des Wortes Derî von der, die Pforte, d. i. der Hof, indem damit die am Hofe der Kajanier, also in der Sagenzeit, geredete Sprache gemeint sein soll. Andre weisen den Gebrauch der Sprache bestimmten Localitäten zu und erklären sie für die Sprache der Städte Balch Bâmî, Mervi Schâhi-

ǧân und Buchârâ, oder nach einer andern Angabe für die der Bewohner von Badachschân. Beides verlegt also die Heimat des
Derî gradezu nach dem Osten Êrâns, was zu der Notiz bei Ibn
al-Muqaffa' nicht übel stimmt. Dem gegenüber ist es auffällig,
wenn wieder Andere Derî für die Sprache erklären, deren Wörter
keine Einbusse erlitten haben, und dann Beispiele angeführt werden, die keinen Zweifel darüber lassen, dass es sich hier um eine
durchaus neupersische Sprachform handelt; und auf eine solche
deutet auch eine von dem Lexicographen angezogene Tradition
vom Propheten hin, worin die persische Derî-Sprache (اللُغَةِ ٱلْفَارِسِيَّةِ
ٱلدَّرِيَّةِ) dem Arabischen an die Seite gestellt wird. Somit stehen
sich in den verschiedenen, von dem Verfasser des Farhangs ge-
sammelten Notizen zwei Ansichten gegenüber. Nach der einen
hängt das Derî seinem sprachlichen Charakter nach mit dem Norden Êrâns zusammen, nach der andern ist es mit der Sprache des
Südens wesentlich identisch. Die Divergenz beider erklärt sich
leicht, wenn dieselben verschiedenen Zeiten angehören, und dies
anzunehmen wird durch Betrachtung des geschichtlichen Verlaufes
unbedingt angerathen. In früherer Zeit, zumal unter den Arsaciden, war die in ihrer wichtigsten Residenz übliche Sprache Derî,
d. h. die des Hofes. Später, unter den Sâsâniden, wurde die Hofsprache persisch, vielleicht noch früher, als auch eine Umwandlung
der officiellen Sprache eintrat. Nach einer im Orient erhaltenen
Überlieferung soll Bahrâm Gûr (in der ersten Hälfte des fünften
Jahrhdts) an seinem Hofe den ausschliesslichen Gebrauch der
persischen Sprache anbefohlen haben; vgl. Chalîl Sûfî bei Hyde
p. 421 der ersten, p. 430 der zweiten Ausg., und Mordtmann,
ZDMG. VIII. S. 9.

Verhielt sich die Sache in der That so, wie es den Anschein
hat, nemlich dass Derî, die Hofsprache, wenigstens unter den Arsaciden mit einer Sprache des östlichen Êrân, später unter sâsânidischen Herschern mit der neupersischen wesentlich übereinkam,
so darf das Derî kaum als eine besondere Sprache aufgeführt,
sondern nur etwa als eine feinere, gleichsam gebildetere Abart oder
als ein Dialect jener Sprachen angesehen werden. Von dem Pahlavî, das als die Landessprache von Medien bezeichnet wird, müssen
sich der Dialect Madâins und die ihm zu Grunde liegende ost-êrâni-
sche Sprache wohl in etwas unterschieden haben; doch ist es nicht
unwahrscheinlich, dass sie nahe mit einander verwandt waren, näher

als mit der persischen Sprache des Südens. In Firdôsî's Zeit scheint der Name Pahlavî schon auf die ältere Sprache des Ostens übergegangen zu sein, in der die in seiner Quellensammlung aufgezeichneten Sagen der Vorzeit erhalten waren. Wenn Pindâr, einer der ältesten persischen Dichter, wie das Farhangi Gahângîrî s. v. اورامن erwähnt, „Melodie von Ôrâman zu Pahlavî-bait" — لحن اورامن و بيبت پهلوی — rühmt, lässt sich nicht entscheiden, ob das, was er Pahlavî nennt, ebenso wie der Ort Ôrâman, von dem eine beliebte Melodie ihren Namen erhielt, nach Ost-Êrân gehört, oder nach Medien, dem der in Raj geborne Dichter entsprossen war, oder nach dem benachbarten Dailam, dessen Beherschern er gedient haben soll. In den an Dailam grenzenden Theilen Mediens sprach man noch in der ersten Hälfte des achten Jahrhunderts Pahlavî, nach dem von Quatremère im Journal des Savans 1840. p. 413. angeführten Angaben des Hamd-allâh al-mustaufî aus Kazwîn. Ihm zufolge sprach man in Zangân noch „richtiges Pahlavî" — پهلوی راست —, in Marâgha „arabisirtes" — معرب پهلوی —, wo also in die einheimische Pahlavî-Sprache schon arabische Wörter eingedrungen waren, wie im Neupersischen; in Guśtâsfî, einem District am kaspischen Meere, nahe der Mündung des Kurr, war das Pahlavî mit Gîlânî gemischt, — بَجِيلانی پهیمسته —, mit Elementen der Sprache des benachbarten Gîlân. Über die Lage von Guśtâsfî vgl. Sádik Ispahâni, ed. Ouseley, p. 130. Dorn, Geographica Caucasia p. 39. — Nach Sir H. Rawlinson, im Journ. of the R. Geogr. Soc. IX. p. 109. Note, würde noch jetzt in dem Dorfe Dizmâr in Âderbaigân „certainly" Pahlavî gesprochen; doch möchte die Richtigkeit dieses Urtheils nicht leicht zu erweisen sein.

Ob etwa die Dialecte Ost-Êrâns und nicht minder das medische Pahlavî zu der alt-baktrischen Sprache in einem ähnlichen Verhältnisse gestanden haben, wie die neupersische zu der altpersischen der Achaemeniden, lässt sich nicht mehr entscheiden; dass es sich so verhielt, ist aber durchaus nicht unwahrscheinlich. Einen Fingerzeig wenigstens giebt die Beziehung, welche nach Ibn al-Muqaffa' zwischen der Sprache von Madâin und der von Baktrien (Balch) statt fand. Träfe die Voraussetzung einer Verwandtschaft des Pahlavî mit dem Alt-baktrischen zu, so könnte dasselbe — natürlich noch frei von jeder Einmischung semitischer Elemente —

sehr füglich die echte ursprüngliche Sprache der parthischen Nation
gewesen sein, deren Name dann in Folge der durch diese veränder-
ten politischen Verhältnisse Èrâns auf alle die nahe verwandten
nordérânischen Dialecte, mit Einschluss der in Medien üblichen,
übertragen wäre. Indessen würde es, um den Namen Pahlavî für
die Sprache Mediens zu erklären, durchaus genügen, denselben
nicht unmittelbar auf den Namen der Nation zu beziehen, sondern
auf den abgeleiteten Namen der Provinz, welche der eigentliche
Hauptsitz ihrer politischen Macht geworden war.

In Folge des kräftigen und nachhaltigen Vordringens der neupersischen Sprache nach dem gesammten érânischen Norden seit
der Erhebung der Sâsâniden sind die alten einheimischen Dialecte
dort fast spurlos verschwunden, obgleich es nicht unwahrscheinlich ist, dass sich noch allerlei Überreste davon im Mâsanderânî,
Gîlânî, Tat und Talysch erhalten haben; man vergleiche darüber
die interessanten Bemerkungen Dorn's, Caspia S. 111. f. Es wäre
eine verdienstliche Arbeit, den Wortvorrath dieser nordérânischen
Dialecte mit dem arischen in den älteren Parsenbüchern und dem-
jenigen zu vergleichen, was arabische, persische und armenische
Historiker, Geographen und Lexicographen an Versen und einzelnen Wortformen als Pahlavî überliefert haben. Eine Sammlung
der letzteren Art fehlt noch und die Sichtung des in Aussicht
stehenden Materials würde mit nicht geringen Schwierigkeiten ver-
knüpft sein. Denn einestheils wird in den Quellen, wenigstens in
den muhammedanischen, vielfältig die Bezeichnung Pahlavî auf
alles Altérânische übertragen, d. h. auf alles was nicht entschieden neupersisch ist, und somit zweifelhaft bleiben, ob man reines
medisches Pahlavî vor sich hat, oder etwa älteres Pârsî. Anderntheils nennen ja die Parsen die Sprache ihrer Bücher Pahlavî, obgleich es kaum zweifelhaft sein kann, dass dieselbe wesentlich
eine ältere Form des Neupersischen ist, dem vielleicht medisches
Pahlavî beigemischt wurde, welches jetzt schwer zu unterscheiden
wäre, da es an einer sichern Controle fehlt und überdies bei der
natürlichen Verwandtschaft beider Sprachen manches Sprachgut
beiden gemeinsam gewesen sein wird. Aus eben solcher natür-
licher Verwandtschaft könnte man sogar versucht sein, die miss-
bräuchliche Übertragung des Namens der Nachbarsprache auf die
ältere Pârsîform zu erklären; doch verdient es wohl den Vorzug,
die Veranlassung dazu in der Übertragung des Namens der Pahlavî-

Schrift von Medien nach Persien zu suchen. Immer wird es aber
dabei bleiben, dass Pahlavî trotz aller anderweitiger, selbst fern
liegender Verwendung, an sich nichts anderes bedeutet, als parthisch.

Dass die muhammedanischen Schriftsteller den Ausdruck Pahlavî häufig auf alles, was der gesammten éranischen Vorzeit angehört, anwenden, ist anerkannt und bedarf keines weiteren Bewei-
ses. Schon Firdôsî (bei T. Macan III. p. 1248. Mohl VI. p. 16.
v. 148. lässt Pahlavî-Sitte oder vielleicht Religion (ديني پهلوى)
in der alten Zeit der Kajânier beobachtet werden, und wenn Hâfiz
die Nachtigal „Pahlavî" singen hört, ist natürlich nur an eine
vorzeitliche Sprache zu denken, die sich der Dichter lieblich und
ehrwürdig vorstellt, wenn er auch nichts von ihr weiss. Pahlavî
ist eben die romantische Sprache, wie de Lagarde es treffend
ausdrückt.

Wie im Vorhergehenden nachgewiesen worden, bezeugen an-
gesehene arabische Schriftsteller vom 8ten christl. Jahrhdt an,
dass man in Érân Medien. — das ganze oder doch den grössten
Theil desselben, — Pahlav nannte und dass dieser Name, gleichbedeutend mit Parthien, in Folge der Verlegung des Schwerpunc-
tes der parthischen Macht nach Westen hin, von dem alten Hei-
matlande der Parther auf Medien übergegangen war. Es liegt
nahe zu fragen, was denn aus dem alten Landesnamen *Mâda*,
Medien geworden sei, und ob dieser in Érân gänzlich verschollen
war. Letzteres wird nicht zuzugeben sein.

Schon Th. Hyde sprach sich in der Hist. relig. vett. Persarum, p. 415. der ersten, 424. der zweiten Ausg., so aus: „Media
in Arabum libris dicta الماه *al-Mâh* et lingua Medica الماهي *al-
Mâhi*. — — Alias in geographicis libris vocatur جبال *Gjibâl*, i. e.
Montes seu montana regio." Er bezeichnet seine Quellen nicht
näher, hätte aber statt الماه wohl richtiger ماه (ohne den Artikel)
und dagegen statt جبال mit dem Artikel الجبال geschrieben, wie
es sonst Brauch ist. Der Ansicht Hyde's in Betreff der Identität von Mâh und Medien stimmt de Lagarde (GGA. 1870. S. 1449.)
bei und weist zugleich die Berechtigung des Lautwandels in der
jüngeren Form nach. In schriftlicher Mittheilung führt derselbe
Gelehrte Hyde's Angabe zunächst auf die arabische Übersetzung
des Daniel in der Waltonschen Polyglotte zurück, wo c. 5, 28. das

Griechische ἐδόθη Μήδοις καὶ Πέρσαις übertragen wird: دتعت للماعـِبِين

ورأنفرس, und macht auf Avicenna I. 222, 38. aufmerksam, wo
Μηδεία (leg. Μηδία) bei Dioscorides, III. 85. Sprengel, ebenfalls
durch بلاد ماه, d. i. das Land Mâh, wiedergegeben ist. Dieselbe
Art den Namen Medien in arabischen Übersetzungen aus griechischen Quellen durch Mâh auszudrücken wiederholt sich nach einer
Mittheilung E. Sachau's in einer Handschrift des Vatican's, die
er für eine arabische Übersetzung des sonst nicht mehr vorhande-
nen Briefes des Aristoteles an Alexander περὶ βασιλείας zu halten
geneigt ist.

Aber auch in andern arabischen Werken finden wir Mâh in
eben diesem Sinne gebraucht. Hier ist vor allen der umsichtige
Forscher Bîrûnî zu erwähnen, ein geborner Charizmier aus dem
zehnten und elften Jahrhdt, welcher p. 112. Sachau in einer auch
anderweit höchst interessanten Stelle schreibt: „die Aschkânier
(Arsaciden) herschten im 'Irâq (dem babylonischen Tieflande) und
in den بلاد ماه وهي الجبال, in den Landschaften von Mâh, d. i.
al-Ğibâl (das medische Hochland). In der That ist al-Ğibâl,
das Gebirgsland, und dann auch der auf das Hochland übertragene
Name 'Iraq al-'aǵam, das persische 'Irâq, die gewöhnliche und so
zu sagen officielle Benennung Mediens bei den Arabern geworden.
Der Name befasste aber, wie man z. B. aus Abu-Hidâ's Geographie ersehen kann, nicht etwa bloss das eigentliche Gebirgsland,
sondern die ganze Media magna, mit Einschluss von Ispahân im
Süden und ar-Raj im Nordosten. Bîrûnî bezeichnet also hier die
Gesammtheit dessen, was auch Pahlav heisst, mit dem Namen
Bilâd Mâh, die Landschaften von Mâh.

Balâdorî (im neunten Jahrhdt) berichtet p. 308 de Goeje, im
J. der Flucht 24., sechs Monate nach 'Omar's Tode, sei ein Statthalter gesetzt „über Mâh und Hamadân". Auch hier kann nur
Medien gemeint sein, dessen Hauptstadt daneben noch besonders
genannt wird, ohne dass dadurch an der Sache etwas geändert
würde. — Auch Jâqût 1. 251, 2. bezeichnet einen District im Gi-
bâl als „dem Lande Mâh" angehörig, من أرض ماه.
Hiernach kann es nicht zweifelhaft sein, dass der alte Landesname in einer jüngeren Form, die den Gesetzen des êrânischen
Lautwandels durchaus entspricht, in Êrân noch Jahrhunderte lang
nach der Invasion der Araber bekannt und im Gebrauche war,

zwar nicht als officieller Name, aber als geographischer im Munde
des Volks. Wann derselbe aus dem officiellen Gebrauche verdrängt worden sei, lässt sich nicht näher bestimmen; doch scheint
es natürlich, die Veränderung der parthischen Zeit zuzuschreiben
und die Geltung des Namens Pahlav bis in die der arabischen
Herschaft ausgedehnt zu denken.

Wenn der Landesname Parthava, wie es den Anschein hat,
auch als Name einer einzelnen Stadt verwendet werden konnte,
die als Mittelpunct eines ursprünglich parthischen Verwaltungsbe-
zirks zu betrachten war, so dürfte man vielleicht auch versuchen,
den Namen einer Stadt Mâh in Fârs mit dem Namen Mâda in
ähnliche Verbindung zu bringen. Einer solchen gedenkt Zamachscharî nach Jâqût IV. 405, 19. f. Es fehlt indessen jede weitere
Kunde von diesem Orte, sowie an jeder Andeutung etwaniger alter medischer Ansiedelungen oder Standquartiere in der Persis, so
dass man über eine blosse Vermuthung nicht hinauskommen würde,
und überdies ist es leicht möglich, dass der Angabe Zamachscharî's ein Irrthum zu Grunde liegt. Er mochte von einem ماه فارس,
Mâh Fârs, gelesen oder gehört haben und glauben, es sei von
einer Stadt Mâh in Fârs die Rede sein. Aber grade vor einer
Deutung dieser Art wird von al Bakrî (bei Wüstenfeld II. p. 504.)
gewarnt und gesagt, al-Mâh bedeute in der persischen Sprache
die قصبة Qaçaba eines beliebigen Landes, und unter den Beispielen Mâh Fârs aufgeführt. Dann heisst es weiter: dies werde gesagt, „damit man nicht meine, Mâh sei an sich ein Ortsname innerhalb des Gebietes, dessen Name damit verbunden wird." Ohne
Zweifel war der Schriftsteller, dem die Worte angehören — Abû
'Omar al-Zâhid — wohl unterrichtet und Zamachscharî höchst
wahrscheinlich im Irrthum. Auch sonst ist ein Ort, der schlecht-
hin den Eigennamen Mâh geführt hätte, in Êrân nicht bekannt.

Wie in der angeführten Stelle bei al-Bakrî wird auch von
andern arabischen Schriftstellern Mâh als ein persisches Wort anerkannt; Tabarî in der persischen Übersetzung des Bal'amî, bei
Zotenberg IV. 480, nennt es ein Pahlavî-Wort, wofür die Spren-
gersche Handschrift desselben Werkes, cod. 44, in Berlin, vielleicht
richtiger sagt: Pârsî und Pahlavî (-Wort). Abgesehen von dem
Landesnamen Mediens wird das Wort durchweg als Appellativum gebraucht und ist als solches geeignet, im Arabischen den
Artikel anzunehmen und den Plural ماءات zu bilden. Dasselbe

wird allgemein als Aequivalent des arabischen قصبة aufgefasst und hatté ohne Zweifel eine dem entsprechende Bedeutung bei den Persern, als die Araber es von diesen übernahmen. Nach der von Zamachscharî entlehnten Stelle bei Jâqût IV. 405, 20 soll der Gebrauch des Fremdwortes von Baçra ausgegangen sein, dessen Truppen an der Eroberung des êrânischen Hochlandes unter 'Omar's Chalifat einen hervorragenden Antheil nahmen. Die Bedeutung von Qaçaba giebt Jâqût IV. 104, 23 richtig, obgleich nicht ganz erschöpfend an, nur bedarf der gedruckte Text bei Wüstenfeld einer durchaus unentbehrlichen Verbesserung. Es muss gelesen werden:

وقصبة القرية القصم وسطها, und die ganze Stelle heisst: „die Qaçaba der Stadt ist die Burg in ihrer Mitte und die Qaçaba der Provinz ist ihre Hauptstadt"; wofern man den Ausdruck Provinz als angemessene Übertragung des Wortes كورة gelten lassen will, welches jedenfalls einen Bezirk von erheblichem Umfange bezeichnet. Und mit Rücksicht hierauf erweitert auch Abu-Ifath Naçr al-Iskandarî, über welchen Wüstenfeld, Einleitung zu Jâqût V. S. 32. ff. zu vergleichen ist, bei Jâqût III. 165, 19 die Bedeutung von Qaçaba ganz zutreffend, indem er sagt: „Qaçaba heisst gemeinhin die angesehenste Stadt in der Provinz (دورة) oder dem (kleineren) District (ناحية)". Denn unstreitig sind auch die befestigten Hauptorte kleinerer Bezirke häufig als Qaçaba = Mâh bezeichnet worden. So sagt Jâqût IV. 406, 22. f. (wozu aber die Anmerkung V. 414. zu vergl.) bei Erwähnung von Mâh Bistâm, er vermuthe, dass damit (die Stadt) Bistâm gemeint sei, welche die خبنة der Provinz (دورة) Qûmis sei, d. h. allem Anscheine nach s. v. a. die volkreichste Stadt; der Ausdruck wechselt jedoch, wie aus der Vergleichung verchiedener Stellen bei Içtachrî und Jâqût hervorgeht, auch mit Qaçaba oder Madìna. Bistâm eignete sich zur Schutzwehr gegen Osten seiner Lage nach vorzüglich. Auch lag noch im zehnten Jahrhdt ihr gegenüber, nach Abu Dulaf bei Jâqût I. 623, 17. f., auf einem Hügel eine überaus grosse Burg mit grossen Gebänden darin. Die Erbanung der Burg schrieb man dem Sâsâniden Schâhpûr Dû-l'aktâf zu. — Ebenso mag es sich mit Mâh Sindân verhalten haben, das von Weil, Gesch. d. Chalifen I. S. 443. Anm. 2, erwähnt wird und in der Gegend von Hulvân gelegen haben muss. Dasselbe wird als befestigter Platz an einem wichtigen Puncte eine gewisse Bedeutung gehabt haben.

In diesen Beispielen, wie überhaupt in allen Fällen, wo das Wort Mâh nicht durch Anfügung des Namens eines grösseren Territoriums als dessen Hauptstadt bezeichnet wird, wie in dem oben angeführten Mâh Fârs, sondern mit dem Eigennamen einer Ortschaft verbunden wird, wächst es mit diesem zu einem Ganzen zusammen und verträgt dann im Arabischen den Artikel nicht. Das Verhältniss ist eben der Art, wie im Deutschen in Benennungen wie Burg-Steinfurt u. dgl. mehr. Das wesentlich zur Bezeichnung des militairischen Charakters einer Örtlichkeit dienende Wort kann aber auch einestheils weggelassen, anderntheils, wenn auf einen ohnehin hinreichend erkennbaren Platz angewendet, ohne Beifügung des örtlichen Eigennamens allein gesetzt und dann mit dem Artikel verbunden werden. Der Ortsname, in welchem die Verbindung mit Mâh am häufigsten beibehalten zu sein scheint, ist Nihâvand oder Mâh Nihâvand, (nach Anderen Nahâvand oder Nuhâvand,) von welchem demnächst weiter zu handeln ist. Vorab muss hier einer Erweiterung des Sinnes von Mâh gedacht werden, worin die ursprüngliche Bedeutung der festen Burg, Citadelle, oder mit einer solchen versehenen und dadurch geschützten Stadt zurücktritt und sich mehr die des Sitzes der Regierungsbehörden, der Hauptstadt, geltend macht.

Das Wort ist nemlich von Puncten dieser Art unzweifelhaft auf den ganzen, dazu gehörenden, grösseren oder kleineren District übertragen, wie es auch die einheimischen Schriftsteller sehr wohl wissen und bestimmt aussprechen. So erklärt schon Tabarî (nach Zotenberg III. 480) Mâh durch „province ou royaume". Wie die persischen (oder arabischen) Ausdrücke lauten, wird von dem französischen Übersetzer nicht angeführt. Die Berliner Handschrift (cod. 44. Sprenger) giebt dafür: مُلكت وِپادشاهِ „Königreich und Kaiserreich" (Reich des Grosskönigs). Letztere Bedeutung zeigt sich sonst nirgend, erklärt sich aber vielleicht daraus, dass das Hauptland des êranischen Reiches grade Medien = Mâh war. Für die Erklärung durch „Provinz oder Königreich" fehlt es jedenfalls nicht an anderweitigen bestätigenden Zeugnissen. So stimmt damit überein, dass Hamza von Ispahân, bei Jâqût IV. 407, 3, ماه هروم Mâh Hrûm, im Anschluss an die armenische Schreibart für Rûm, d. i. Rom, durch die Provinz (كوزة) al Gazîra erklärt, welche einst im Besitze der Römer gewesen war; dass derselbe ebenda Z. 1. und 394, 15. f. ماه سكان Mâh Sakân, wofür auch

ماسكان Màsakàn geschrieben wird, als = Sigistân, Land der Saken,
auffasst, auf welches die bei Tabarî vorgefundene Benennung als
Königreich passt; denn Sigistân ist eins der grossen Territorien,
deren Beherscher vormals den Königstitel führten, der noch in
späteren Zeiten selbst den Häuptern geringerer Landstriche nicht
versagt wurde, die einer gewissen Unabhängigkeit genossen. So
wird von Içtachrî (de Goeje 206, 1. Mordtmann S. 97) dem Ge-
birgslande der Qadûsier die Eigenschaft einer مَلَكَت, eines Königs-
landes, zugeschrieben. Man darf sich deshalb nicht wundern, wenn
auch die persischen Original-Lexica, wie z. B. das Farh. Gahângîrî,
Màh durch شِيم (= مدينة) und مَلَكَت erklären.

Übrigens verdient es hier bemerkt zu werden, dass Màsakàn
nicht bloss als Territorialname gedeutet wird, sondern bei Abû 'lfidà
auch als Name einer Stadt vorkommt, die er zum Territorium Kirmàn rechnet. Sicher beruht dies aber nur auf einer Veränderung
des Besitzstandes in jener Gegend. Der Name zeigt deutlich, dass
dieser Platz einst die Hauptstadt des Landes der Saken war, und
Jàqût IV. 394, 12 sagt auch in der That: „ich meine, dass Màsakàn einer der Districte von Sigistàn ist". Man darf wohl ver-
muthen, dass diese Stadt eben die ist, von der Içtachri, bei de
Goeje 242, 8. ff., bei Mordtmann S. 110, berichtet: „Man sagt,
dass die alte Stadt" — nemlich Hauptstadt von Sigistàn — „zur
Zeit der ersten Perser zwischen Kirmàn und Sigistan lag, Râsik
gegenüber, drei Stationen links auf dem Wege von Sigistàn nach
Kirmàn. Ihre Gebäude und einige ihrer Häuser stehen noch bis
auf den heutigen Tag. Der Name dieser Stadt war Ràm Schah-
ristàn. Man sagt, dass der Fluss von Sigistàn bei dieser Stadt
vorbeifloss und dass Dämme das Wasser aus dem Hindmand ab-
hielten; das Wasser aber brach durch und verwüstete die Umgegend, worauf die Einwohner abzogen (und Zarang erbauten,
d. i. die spätere Hauptstadt)". Fast wörtlich dasselbe liest man
bei Ibn Hauqal, S. 300, 11. ff. bei de Goeje; nur nennt dieser als
Eigennamen der alten Stadt, der dann, durch den Namen Màsakàn
verdrängt, mehr und mehr in Vergessenheit gerieth, Abraschah-
rijàr.

Hamza, bei Jàqût IV. 406, 23 und 612, 16. ff., — wo aber
Z. 17 ماه دزران zu lesen ist, statt ماه كرمان, — betrachtet auch
den Namen des ausgedehnten, an Kirmàn angrenzenden Gebietes

Mukrân als eine zusammengezogene Form für Mâh Karân und deutet sie nach dem persischen Karân = Kanâr, Ufer, als die Uferlandschaft am indischen Meere. Für die Richtigkeit dieser Ansicht spricht wenigstens der Lautwandel nicht und es muss dahin gestellt bleiben, ob sie den Vorzug vor der Ableitung des Namens von den Maka der Inschrift von Behistân, den Macae der Alten, verdient, die auch nicht unbedenklich erscheint.

Dagegen ist es nicht zu bezweifeln, dass die Benennung eines Mâh nach dem Hauptorte auf dessen Gebiet, wie bei grösseren Territorien, so auch bei kleineren Districten stattgefunden hat. Ein Beispiel bietet Mâh Bahrâðân, welches Jâqût IV. 406, 6 für den District der beiden Râðân, des oberen und niederen, hält. welche II. 729, 22. f., als zwei Districte (hier كورتان genannt.) im Savâd von Bagdâd aufgeführt werden. — Eine andere Landschaft (كورة), unterhalb Hulvân im Ğibâl gelegen, wird von Hamza bei Jâqût IV. 406, 19. f. Mâh Schahrijârân genannt. Es ist nicht unwahrscheinlich, dass derselbe diesen Namen einer Burg in seiner Mitte verdankte, die den Namen „die kaiserliche (oder königliche) Burg" führte. Und Ähnliches möchte gelten von der ansehnlichen Landschaft (كورة) Mâh Sabaðân oder Mâsabaðân, die Abû 'lfidâ zum Ğibâl rechnet. Es ist die schon den Alten bekannte Μασσαβατική, welche Strabo als einen Theil der Elymais betrachtet, Ptolemaeus der Persis zutheilt. Nach Abû 'lfidâ führt die Landschaft auch den Namen Sîravân, die Hauptstadt aber nennt er nur Mâh Sabaðân. Dieser Name liesse sich wohl als die Heeresburg oder das befestigte Heereslager erklären, mit Beziehung auf das altpersische çpâda; vgl. Justi, Beiträge zur alten Geogr. Persiens II. 11. Dabei würde nur auffallen, dass der zweite Theil des Namens die alterthümliche Form (mit dem Dental, der neueren Form سپاه gegenüber,) bewahrt hätte, während der erste die ganz moderne Form Mâh schon in sehr früher Zeit aufwiese.

Zu den Ortschaften im Ğibâl, deren Name auf kleinere, von ihnen abhängende Districte übergegangen ist, gehören auch das bereits erwähnte Nihâvand und Dînavar (oder ed-Dainavar). Diese Districte erhielten aber bei den Arabern, nicht lange Zeit nach der Eroberung, unter dem Chalifate Mu'âvija's eine andre Benennung. Mâh Nihâvand wird Mâh al-Baçra, und Mâh Dînavar wird Mâh al-Kûfa benannt; beide werden zusammengefasst in der Dual-

form al-Mâhâni, die beiden Mâh's. Die Veranlassung zu diesem
Namenswechsel wird von den arabischen Geschichtschreibern aus-
führlich erzählt. In den Einzelheiten stimmen sie unter einander
nicht ganz überein, wohl aber in der Hauptsache; darin nemlich,
dass den Truppen von Baçra und Kûfa, welche durch die Schlacht
bei Nihâvand das Ǵibâl erobert hatten, durch eine Dislocirung ge-
räumigere Quartiere und ausreichende Verpflegung geschafft werden
mussten, bei welcher die Truppen von Baçra in Mâh Nihâvand
verblieben, die von Kûfa nach Dînavar verlegt wurden. Das Gebiet beider Districte wurde bald erheblich erweitert; wie denn
nach Jâqût IV. 405, 15 mit Nihâvand sogar Hamadân und Qumm
vereinigt wurden. Dass die Bezeichnung beider Districte als Mâh's
auf dem von den Arabern schon vorgefundenen Gebrauche des
Wortes beruht, darf wohl als das einzig Natürliche und Richtige
angesehen werden, obgleich die arabischen Schriftsteller dem Worte
auch in diesem Falle die Bedeutung von Qaçaba zuschreiben und
Nihâvand und Dînavar sammt den Gebieten des Hochlandes, deren
Mittelpuncte sie wenigstens anfänglich waren, als die schützenden
Citadellen von Baçra und Kûfa, d. h. des Unterlandes 'Irâq. be-
trachteten. So al-Bakrî II. 504, Zamachscharî bei Jâqût IV. 405,
20. f. und Jâqût selbst ebenda Z. 14. Deshalb nennt auch Muhammed b. Habîb bei al-Bakrî a. a. O. die beiden Mâh's الكثا،
العراق, die beiden Bollwerke 'Irâq's, mit gleichem Rechte, wie Andre den Tigris und Euphrat so benennen; denn wie diese Ströme
'Irâq im Westen schützen, so jene Gebiete im Osten, wo sie die
wichtigen und schwierigen Gebirgspässe enthalten. — Welchem der
beiden Mâh's ausser dem angeführten Namen bei den Arabern auch
noch der Name Mâh Dînâr beigelegt wurde, steht nicht fest. Nach
Jâqût IV. 406, 7 ist es Nihâvand; nach Hamza, ebenda Z. 17. f.,
dagegen der District (ديور) Dînavar. Letztere Erklärung möchte
den Vorzug verdienen und der leichten Umwandlung des Lautes
nur eine scherzhafte Anspielung auf das behagliche Leben zum
Grunde liegen, welches sich den an magere Kost gewöhnten Arabern in dem damals noch reichen Érân eröffnete. Nach einer
schriftlichen Mittheilung Hrn. de Goeje's erklärt übrigens der (von
Jâqût viel benutzte) Muhammed b. Ahmad al-Azharî Mâh Dînâr
für den Namen einer alten Burg (حصن) zwischen Chaibar und
Medîna, wo indessen die Bezeichnung als Mâh auffallend erscheinen muss.

In vorstehender Auseinandersetzung sind die Anwendung der Form als Eigennamen für das alte Medien und der Gebrauch derselben als Appellativum in dem Sinne von Burg. Citadelle. Feste, von Hauptort eines Districts und endlich von dem zugehörigen Districte selbst ganz auseinander gehalten. Es ist auch nicht versucht worden, die Bezeichnung der zuletzt erwähnten beiden Districte als Mâh's. ob sie gleich einen grossen Theil Mediens einnahmen, auf fortgesetzten Gebrauch des alten Landesnamens zurückzuführen, so nahe dies auf den ersten Blick zu liegen scheinen könnte: vergl. de Lagarde, Gött. gel. Anz. 1870. S. 1449. Angesichts des Entwickelungsganges des appellativischen Gebrauchs des Wortes Mâh wird sich eine solche Combination nicht empfehlen.

Hängt aber nicht dessen ungeachtet die Appellativ-Bedeutung mit dem alten Landesnamen irgendwie zusammen? Eine gewichtige Thatsache spricht dafür: der auffallende und vollständige Parallelismus zwischen den Bedeutungen, die der Name der parthischen Nation nach und nach angenommen hat, und denen, die soeben bei dem Worte Mâh nachgewiesen sind. Ohne Zweifel haben einst die Meder. als sie im Besitz des Principats in Erân waren, ebensogut fester Stützpuncte ihrer Macht bedurft, wie nachmals die Parther, sowohl zur Ausübung ihres Einflusses innerhalb des Reichs. als besonders zur Sicherung desselben gegen Angriffe von aussen. in den östlichen, wie in den westlichen Grenzgebieten. Dass ihre Burgen und Festen gradezu mit dem Volks- und Landesnamen bezeichnet wurden und die Benennung dann von ihnen auf die umliegenden, von ihnen abhängigen und durch sie geschützten Landschaften überging, ist nicht unnatürlicher, als dass es grade so mit den parthischen Gründungen erging. Auch dass die alte Benennung sich nach dem Untergange der medischen Oberherrschaft erhielt und bis in ferne Zeit im Gebrauch blieb, ja auf Örtlichkeiten übertragen wurde, die erst viel später eine ähnliche Stellung einnahmen, wie den Burgen der Meder einst zukam, findet sein Gegenstück in der gleichen Erscheinung bei den Pahlavs und darf um so weniger auffallen, da wahrscheinlich die Meder die ersten waren, welche in Erân mit staatlichen Schöpfungen dieser Art vorgingen.

Man könnte ein Bedenken darin finden, dass sich von einer ähnlichen Verwendung des Namens der Perser keine Spur zeigt, die doch nach den Medern in Erân herrschten. Dies möchte sich jedoch daraus erklären, dass die persische Herschaft überhaupt weit mehr wie eine blosse Fortsetzung der medischen erscheint, als dies mit der parthischen den ihr unmittelbar voraufgehenden Zuständen gegenüber der Fall war. Die Perser schufen nicht in demselben Sinne Neues, wie die Parther, wie denn ja auch die Griechen noch lange fortfuhren, Persisches als Medisch zu bezeichnen.

Sonach könnte es wohl zulässig erscheinen, den Ausdruck Mâh, Burg, Hauptstadt, Landbezirk, unmittelbar von dem alten Namen der Meder abzuleiten. Allein es zeigt sich noch die Möglichkeit einer andern Combination, die in hohem Grade Aufmerksamkeit verdient. Diese bietet der Gebrauch des Wortes *mat*, *matu*, im Assyrischen, אתמ, Plur. אתתמ, im Aramaeischen des Talmud, *môthô* im Syrischen, welches gleichfalls, wie Mâh (und Pahlav), den Sinn von Stadt (mit ihrem Bezirk) und von Land, hat. Obgleich wir das Wort in seinen, bloss dialectisch verschiedenen Formen über einen grossen Theil des semitischen Sprachgebietes verbreitet finden, ist es doch allem Anscheine nach ebensowenig semitischen Ursprungs, als êranischen; auch wäre die Entlehnung einer Begriffsbezeichnung, wie diese, von der einen Seite, wie von der andern, wenig wahrscheinlich. Nichts destoweniger liesse sich eine erträgliche Vermittelung des Zusammenhangs zwischen mat und Mâh in der Annahme finden, dass beiden Formen ein ursprünglich anarisches (gewöhnlich sog. turänisches) Wort zum Grunde liege, aus einer Zeit stammend, wo Semiten und Arier noch durch weite, von Anariern bewohnte Gebiete von einander getrennt waren. Auf dem Hochlande, wie im mesopotamischen Tieflande wohnend, hätten dann diese Anarier mit andern Elementen ihrer Sprache auch jenen Ausdruck für Stadt und Land ihren Nachfolgern im Besitze der Länder hinterlassen; im Assyrischen hätte derselbe einen ursprünglichen Dental bewahrt, der später im Êranischen in den blossen Hauchlaut übergegangen wäre. Sollte mit einer solchen Hypothese nicht zugleich dasjenige in Nichts zerfallen, was soeben hinsichtlich eines Zusammenhanges zwischen der Appellativbedeutung von Mâh und dem Namen der Meder angedeutet wurde, so müsste freilich noch Eins hinzukommen: die Ermittelung eines Zusammenhangs zwischen der alten anarischen Form *mat* und dem Namen der Meder. Ein solcher ist auch bereits angenommen worden, z. B. von Justi, Beitr. zur alten Geogr. Persiens, I. 25,

und neuerdings von Oppert, ZDMG. XXX. S. 2 f. und Fr. De-
litzsch in den Beigaben zu Smith's chald. Genesis S. 290. Nach
Oppert's Angabe findet sich schon in der sumerischen (sonst auch
akkadisch genannten, altbabylonischen) Sprache, die weder semitisch, noch arisch ist, das Wort *mada* in der Bedeutung von Land,
welches seiner Ansicht nach als Name speciell auf Medien, und
somit auf das Volk der Meder, überging, als ein anarisches Volk
daselbst den Ariern „seine Dynastie auferlegte". Ob die Combination Oppert's sich vollständig begründen lässt, muss hier dahin
gestellt bleiben. Zwar kann es auffallen, dass die älteste bekannte
Form des in Rede stehenden Wortes, *mada*, den weichen Dental
zeigt, wo sich später im Assyrischen und Aramaeischen der harte
(ר) findet. Doch lässt sich ein daraus etwa hervorgehendes Bedenken vielleicht beseitigen und die Ansicht Oppert's behält einstweilen ein Gewicht von grosser Bedeutung.

Mazdorân und Mâzanderân.

Ptolemaeus bezeichnet VI, 5, 1. als Grenze der Parthia gegen
Areia das Μαςδυρανὸν ὄρος. Der Name scheint später nicht wieder erwähnt zu sein bis zum 15ten Jahrhundert, wo derselbe in
dem Werke مسالك الممالك des Abu'lhasan Çâid (صاعد) b. 'Ali
al-Gurgânî vorkommt, aus welchem Herr Dorn in dem Bulletin
de l'Acad. de St. Pétersb. Tom. XIX. p. 210 ff. (Mélanges Asiat.
Tom. VII. S. 36. ff.) nach einer Petersburger Handschrift Auszüge
gegeben hat. Es heisst daselbst p. 214. (S. 42.): „Die Hügelkette von Masduran (عقبة مزدوران). Der Anfang dieser Mark
ist Turan; es ist ein grosser und langer Berg; von Ghur aus zieht
er sich nördlich von Herat und Fuschendsch und Dscham, sowie
südlich von Serachs, Bawerd, Nesa und Bachers (?). Hierauf geht
er nördlich von Kumis, d. h. Bostam und Dameghan vorbei, wo

man ihn Kuh-Karen nennt, dann nach Rustemdar, und zieht sich
dann in der Nähe von Tabaristan bis zum Meere hin."

Wenn hier عقبة durch „Hügelkette" wiedergegeben ist, so
scheint der Ausdruck nicht glücklich gewählt zu sein. Treffender
möchte es etwa „Steilabfall" heissen; auch würde wohl, wie das
Folgende zeigt, der grosse und lange „Berg" besser ein Gebirg
genannt werden, und wahrscheinlich wird diesem, — nicht bloss
seiner عقبة, — der Name Mazdurân oder Mazdorân zukommen,
welcher dann auf die ganze umliegende éranische Grenzmark überging.

An den Namen knüpft Dorn bereits die Frage an: „ob mit
Μασδωρανός zu vergleichen?" Diese Frage wird unbedingt zu be-
jahen, die Identität der an derselben Stelle haftenden Namen an-
zuerkennen und die Schreibung mit ز (ِ) als die echte éranische
des von Ptolemaeus überlieferten Namens anzusehen sein.

Wiederum fehlt es seit der Zeit des gedachten arabischen
Geographen an Erwähnung des alten Namens, wie es scheint, bis
zum J. 1832, wo Alexander Burnes im September von Buchâra
nach Meschhed reiste, drei Meilen von Serachs den kleinen Fluss
Teg'end passierte, dann nach 7 bis 8 Meilen in Defileen und
Berge hinein kam und schliesslich durch eine tiefe Schlucht nach
Musderan oder Darbend, dem Grenzposten von Persien, 45 Meilen von Serachs, gelangte. Nach Zurücklegung des Passes von
Darbend lagerte er auf den Feldern jenseit des Forts Musderan,
das auf einem isolirt vorspringenden Tafellande neben dem Passe
liegt. Der Ort war einst bevölkert, die Einwohner aber vor einigen Jahren durch den Chân von Urgeng' fortgeschleppt und die
Festungswerke geschleift. „Wäre das Fort hergestellt", fügt Burnes hinzu, „so könnte es die Strasse nach Persien schützen."

Ein anderer Reisender, J. Baillie Fraser, der im J. 1834
das nördliche Chorâsân besuchte, zog dort möglichst genaue Kunde
über die Pässe ein, welche über das Grenzgebirge zwischen Turk-
manen und den nördlichen Bezirken Persiens vom Atrak nach dem
oberen Chorâsân führen. Vom östlichen Ende dieser Gegend be-
ginnend, zählt er neun Hauptpässe auf, darunter an zweiter und
dritter Stelle Ak-derbend und Muzderân, beide auf dem Wege von
Meschhed nach Serachs, vielleicht aber mit Burnes als identisch
zu betrachten. Von Meschhed her ist der Aufgang zu den Pässen
verhältnissmässig „equable", der Abfall gegen Serachs an der Nord-

ost-Seite „more precipitous". S. Journ. of the R. Geogr. Soc. of London vol. VIII. p. 311. — Dieser Steilabfall nach NO. wird die كعب des Çâïd sein, das gesammte Gebirg das von Ptolemaeus genannte. Die Stelle des ruinierten Ortes Masderân ist auch auf den Kiepertschen Karten niedergelegt.

Ausser dem Masdoran-Gebirg nennt Ptolemaeus auch VI. 17, 3 die Völkerschaft Μασδνρανοί (al. Μαζνρανοί), welche zu Areia gerechnet wird und inne hat was an Parthia und die Karmanische Wüste stösst. Der Name wird von dem des Gebirges und der dazu gehörenden Mark entlehnt sein; aber die Wohnsitze der Masdoraner reichten, wenn Ptolemaeus gut unterrichtet war, weit nach Süden hin. Indessen bleibt völlig unklar, wo sie die genannte Wüste berührt haben können.

Den alten Namen Mazdorân zu erklären soll hier ein Versuch gemacht werden, der vielleicht auf Billigung Anspruch hat. Die Endung -ân, ein bekanntes érânisches Bildungs-Suffix, tritt hier an das Wort mazdôr an, das sich leicht als Name der obersten Gottheit in der zoroastrischen Lehre erkennen lässt, und zwar als eine aus mazdâ ahura zusammengezogene Form. Im Avesta selbst wechselt diese vollere Form nicht selten mit der uns geläufigeren ahura mazdâ. Die Entstehung des o aus â + ahu dürfte keinen Sprachforscher befremden. Auch dass der Name eines imponierenden Gebirges oder Berges an den einer hochangesehenen Gottheit angeknüpft wird, dürfte nicht auffallen. Lässt sich doch noch ein andrer Punct in Érân nachweisen, wo der Name des Ormuzd in seiner üblicheren Gestalt auf gleiche Weise verwendet worden ist, nemlich τὰ Ἅρμοζα, Καρμανίας ἀκρωτήριον des Eratosthenes bei Strabo p. 765, das Ἅρμοζον ἄκρον des Ptolemaeus, Harmozōn promuntorium des Ammian, am persischen Meerbusen in unmittelbarer Nähe der noch heute Hormus oder Ormus genannten berühmten Insel; dasselbe Vorgebirge, auf welchem nach Plinius dem Alexander (von seinem Heere) Altäre errichtet waren, neben dem „portus Macedonum". Dieser Hafen ist ohne Zweifel die mit dem Cap gleichnamige Stadt, die Ἅρμουζα πόλις des Ptolemaeus. deren Bevölkerung nach Vincent's und Andrer Untersuchungen, im Mittelalter zur Auswanderung nach der Insel gezwungen, auf diese den Namen der alten Heimat übertrug. Die benachbarte Landschaft hiess Ἁρμοζεια nach Nearch bei Arrian, Ind. XXXIII, 2.. Armysia regio bei Plinius VI, 107 Detl.; die dortige Bevölkerung Harmo-

zaei, ebenda 110. Es dürfte nicht zweifelhaft sein, dass die Sylbe
Har in diesen Namen als eine Verstümmelung von Ahura zu betrachten ist und der jetzt üblichen in der Form Hor-muzd entspricht.

Es wurde bereits erwähnt, dass Herr Dorn durch den Namen des Passes Masduran sofort an das von Ptolemaeus genannte
Gebirg erinnert wurde; derselbe Gelehrte hat aber noch anderweitige Veranlassung gehabt, auf den alten Namen zurückzukommen. In seinem reichhaltigen Werke Caspia bemerkt er S. 106:
„die in masanderanischen Gedichten vorkommenden Formen ‫مازدرون‬
masdärun (Masanderan) und ‫مازدروئيون‬ masdäruni-un klingen
merkwürdig an Masdoranus und Masdorani an“. Gewiss ist diese
lautliche Übereinstimmung sehr merkwürdig und schwerlich eine
bloss zufällige; wird es aber möglich sein, sich von dem Grunde
derselben Rechenschaft zu geben und insbesondere das Verhältniss
des Namens Mazdoran, Masdärun, zu dem bekannteren Mâzanderân
festzustellen?

Der Name Mâzanderân, mit welchem man jetzt vorzugsweise
das Tiefland zwischen dem caspischen Meere und dem Hochge-
birge Alburz bezeichnet, kommt in den älteren Quellen für die
Geschichte und Geographie Érâns nicht vor, wahrscheinlich nicht
vor dem neunten Jahrhundert. Auch der fleissige Sammler Jâqût
hatte ihn in Schriften nicht gefunden; er kannte ihn nur aus dem
Munde des einheimischen Volks, III. 502, 10. f. IV. 392, 21. f., und
hielt ihn für einen neueren Namen, von dem er nicht wusste, wann
er aufgekommen sei; soviel aber sei unzweifelhaft, dass Mâzanderân
mit dem (bekanntlich grösstentheils gebirgigen) Tabaristân identisch sei. Ist Letzteres richtig, — und man darf es dem Jâqût,
der selbst in Tabaristân gewesen war, schon glauben, — so war
Mâzanderân zu seiner Zeit Name einer ausgedehnten und mächtigen Gebirgsgegend, wie Masdorân es schon im hohen Alterthum
war; vgl. darüber Dorn, Caspia S. 10. Anm. 2. Sollten nun
etwa das östliche (nordöstliche) Grenzgebirge Érâns und das Gebirge Mâzanderân's, die ohnehin im Grunde nur eine grosse zusammenhängende Kette bilden, ursprünglich denselben Namen geführt
haben, entweder Mâzanderân oder Mazdorân? Dann müsste man
wohl annehmen, Mâzanderân sei, obgleich so viel später bekannt
geworden, doch der ursprüngliche Name gewesen, da sich die
vollere Form weniger leicht aus der kürzeren entwickeln, als

umgekehrt diese aus jener hervorgehen konnte. Man kann sich
versucht fühlen, die Sache auf folgende Weise zu erklären.

Das ganze grosse Gebirg, dessen östlichen Endpunct der Gur-
gânier Çâïd bezeichnet, und das im Westen sich anschliessende
hohe Gebirg Alburz führten einst, vor Zoroasters Zeit, einen ge-
meinschaftlichen Namen, der von dem des „grossen Indra" — Ma-
héndra im Sanskrit — abgeleitet war. Der indische Name des
Gottes würde in erânischer Sprache Mazindra lauten und so findet man auch in den älteren Schriften der Parsen, wie im Bun-
dehisch, den Namen *Mâjinderân* mit *i* geschrieben. Die Verlängerung des Vocals der ersten Sylbe erklärt sich wohl aus älteren
Gesetzen der Wortbildung in den indo-europäischen Sprachen, und
wenn das *z* in der Pahlavi-Schrift durch das Zeichen für *j* wiedergegeben wird, so ist das eine dort häufig wiederkehrende Erscheinung. Nun aber tritt Zoroaster auf, dessen Lehre einen
schroffen Gegensatz zu der älteren der indischen Arier bildet:
die Götter der letzteren werden in der seinigen zu bösen Geistern, zu Déw's. Seine Lehre geht vom fernen Osten aus, von
einer Gegend, wo es zehn Monate Winter ist und nur zwei
Monate Sommer, nach dem Vendîdâd, und welche sicherlich
nicht in den reizenden Landschaften am Südfusse des Kaukasus gesucht werden darf. Bei ihrem Vordringen nach Westen hin stossen Zoroasters Anhänger frühzeitig auf die östlichen Theile der grossen, nach Indra benannten Bergkette. Sein
Name darf fortan nicht mehr in dem davon entlehnten Gebirgsna-
men geehrt werden. Er ist ein Déw geworden, und einer der
mächtigsten dieser Classe von bösen Geistern. Im Vendîdâd, Farg.
10, 17., steht er an der Spitze einer ganzen Reihe derselben. An
seine Stelle tritt als Eponymos Ormuzd und der Name Mazindr-
ân wird vertauscht mit Mazdór-ân. Aber weiter nach Westen
wird dem Fortschritte der Anhänger Zoroasters vorläufig Halt ge-
boten, und das Gebirg im Süden des caspischen Meeres bleibt
ihnen auf längere Zeit verschlossen. Hier vorzugsweise hausen,
wie die Sagengeschichte im Schâhnâme lehrt, die vormaligen Gott-
heiten, die Déw's; hier kann auch Indra noch lange seinen Platz
behaupten, und als schliesslich auch hier Zoroasters Lehre Eingang
erzwingt, lebt doch der alte, von Indra entlehnte Name in der
Stille fort, bis ihn muhammedanische Schriftsteller wieder ans
Licht ziehen. Mittlerweile war jedoch auch der neuere Name des

„Ormuzd-Gebirges" weiter nach Westen vorgerückt, und allmählich wurde dieser neben dem alten, nicht mehr verstandenen, grade im Munde des Volks beliebt und fand so, wie uns Dorn lehrt, Eingang in die Gedichte mâzanderânischer Mundart.

Dieser Versuch die Verhältnisse jener Namen zu erklären könnte vielleicht ansprechend erscheinen, wenn nicht ein schweres Bedenken dagegen erwüchse, und zwar gleichfalls aus dem Avesta und den sich an ihn anschliessenden Schriften der Parsen. Im Avesta werden wiederholt „mâzanische Dêw's", mâzainya daêva, erwähnt und die Parsen erklären den Ausdruck durchweg durch „mâzanderânische Dêw's". Ist nun auch diese Erklärung nicht ohne Weiteres als richtig zu erklären, wie sie denn namentlich von Spiegel bezweifelt wird, so möchten doch die gewichtigsten Gründe für dieselben sprechen. Die adjectivische Form mâzainya führt auf ein Namen mâzana zurück, welches darnach der Name Mâzanderân's gewesen sein müsste. Aber was besagt mâzana? Mit maz, gross, könnte das Wort allerdings zusammenhängen, wie auch Spiegel vermuthete, Avesta Übers. I. S. 165. Anm. 3, aber wie daraus die neuere, erheblich vermehrte Form entstanden sein könnte, ist ganz unklar, und mit Indra's Namen hat mâzana natürlich nichts zu thun.

Eine Lösung der Frage nach dem Verhältnisse der Namen Mâzana und Mâzanderân zu dem Namen Masdoran (und Masdärun) würde auch dann nicht erreicht werden, wenn man unter Verwerfung der oben vorgeschlagenen Erklärung des letzteren einer anderen den Vorzug geben sollte, die allerdings auch denkbar wäre, aber auf einer besser gesicherten Grundlage nicht beruht. Sie darf jedoch hier nicht mit Stillschweigen übergangen werden.

Herr Melgounof hat in der Zeitschrift der deutschen morgenl. Ges., Band XXII. S. 195. ff., schätzbare Mittheilungen über die Dialecte von Mâsanderân und Ghilân nach der einheimischen Aussprache gemacht, worunter sich eine Liste mâsanderânischer Landesproducte befindet. In dieser wird aufgeführt: ‑mozondor, mouzidor, مازرودال chêne‑. Dieser Name der Eiche könnte, zumal in Berücksichtigung der Original-Schreibart, mit nicht geringer Wahrscheinlichkeit von maz, gross, und baktr. dâuru, Baum, abgeleitet werden und aus ihm der Name Masdoran in dem Sinne von Eichwaldgebirg zu erklären sein. Freilich wird kaum etwas darüber bekannt sein, ob sich das östliche Gebirge zu irgend einer

Zeit in gleicher Weise, wie das von Mâzanderân, durch vorzügliche
Eichenwaldung ausgezeichnet hat. aber möglich wäre dies sehr
wohl und dass es im oberen Gurgânthale an Hochwald von Eichen,
Buchen und anderem Laubholze nicht fehlt, wissen wir. Die angeführte moderne Aussprache mit dumpferen Lauten für das lange
a ist nicht auffallend und auch die Einschiebung eines Vocals zwischen den beiden Consonanten *zd* möchte nicht bedenklich sein.
Eher könnte die Verlängerung des Vocals der ersten Sylbe anstössig erscheinen. da in dem zusammengesetzten Worte „Gross-
Baum" keine Veranlassung zur Dehnung des Vocals ersichtlich
ist, wenigstens so lange nicht vorhanden war, als die Sylbe eine
geschlossene blieb.

Wenn etwa diese Ableitung des Namens Masdoran wahrscheinlicher dünken sollte, als der von dem Gottesnamen, so ist
doch klar, dass dadurch für die Vergleichung mit den Formen
Mâzana und Mâzanderân nichts gewonnen wird. Das hieraus er-
wachsende Problem bleibt auch dann für jetzt noch ungelöst.